法律教育教学导论

王 威 ◎ 著

吉林出版集团股份有限公司

图书在版编目（CIP）数据

法律教育教学导论 / 王威著. — 长春 ：吉林出版集团股份有限公司，2024.6

ISBN 978-7-5731-5091-2

Ⅰ. ①法… Ⅱ. ①王… Ⅲ. ①法学教育－研究 Ⅳ. ①D90

中国国家版本馆CIP数据核字（2024）第110324号

法律教育教学导论

FALÜ JIAOYU JIAOXUE DAOLUN

著　　者	王　威
责任编辑	曲珊珊
封面设计	林　吉
开　　本	710mm×1000mm　1/16
字　　数	200千
印　　张	12
版　　次	2024年6月第1版
印　　次	2024年6月第1次印刷

出版发行　吉林出版集团股份有限公司

电　　话　总编办：010-63109269

　　　　　发行部：010-63109269

印　　刷　廊坊市广阳区九洲印刷厂

ISBN 978-7-5731-5091-2　　　　　　　　　　定价：78.00元

版权所有　侵权必究

前　言

　　法律教育是一个国家实行法治、实现现代化的必要基础。当今中国正在建立现代化的法律体系，以便为经济、社会的发展以及社会关系与秩序的合理与稳定提供可靠的基础。这就需要大量培养具有现代法律观念和法律专门知识的法官、检察官、律师以及其他的法律工作者。这一现实无疑给中国的法律教育提出了挑战。为此，认真总结中国法律教育的成败得失，研究法律教育的一般特点和规律，以解决中国法律教育在改革和发展中的实际问题，将是一件极为有益的事情。

　　素质教育的实施以国家教育方针为依据，满足社会及学生的实际发展需求，从而提升学生综合素养，对学生各种能力进行培养，促进学生全面发展。专业知识的学习是为了学生今后更好地就业，在自己的岗位上发挥自身优势，为自己、为社会创造更大的经济效益，促进社会全面发展。法律作为规范人们行为的重要依据，能够提升学生价值取向的合理性。

　　就目前来看，大学生法律素养的提高还未被重视，许多高校过度重视财务会计、金融管理、市场营销等专业，对大学生的法律教育认识的必要性严重不足，导致法律教育边缘化现象十分严重。

　　高校法律教育通常采用自学形式，未被纳入课堂教学中。另外，缺乏对法律教育教师队伍的关注，对法律教育教师的培养工作严重不足。此外法律教育课程开发也不足，投入力度较小。

　　法律本身就是一门实践性很强的学科，高校在法律教育教学中，应注重法律课程的实践运用。就目前来看，大部分高校的法律教育是由学校教师承担，尽管有些教师有法律教育背景，但由于缺乏实际经验，导致其无法向学生提供法律实践指导，从而导致学生只能从书本上学到法律知识。

王威

2024 年 1 月

目　录

第一章　法律基本知识 ... 1
- 第一节　法律概述 ... 1
- 第二节　法律责任 ... 4
- 第三节　依法治国 ... 7

第二章　法律与法制 ... 11
- 第一节　法律·法制·法治 ... 11
- 第二节　法律信仰与法制现代化 ... 17
- 第三节　健全学生法制教育课程体系 ... 20
- 第四节　公民法律意识的培养与塑造 ... 25

第三章　大学生法制教育观念 ... 29
- 第一节　大学生法治观教育的创新 ... 29
- 第二节　大学生法治教育的重要性及培养方法 ... 35
- 第三节　大学生道德教育与法治教育一体化 ... 40
- 第四节　法治视域下大学生创业教育创新 ... 47
- 第五节　思想教育维度下大学生法治观教育 ... 53

第四章　大学生法律意识的理论研究 ... 59
- 第一节　大学生法律意识现状 ... 59
- 第二节　大学生法律意识的功能及培育 ... 62
- 第三节　新时代背景下大学生法律意识 ... 67

第四节　大学生法律意识培养的意义 ……………………………… 71
　　第五节　大学生法律意识教育路径 ………………………………… 74

第五章　大学生法律意识的创新研究 ………………………………………… 79
　　第一节　大学生的法律意识和诉讼心态 …………………………… 79
　　第二节　自媒体与大学生法律意识 ………………………………… 83
　　第三节　思政教学中的大学生法律意识 …………………………… 88
　　第四节　大学生科技创新知识产权法律意识教育 ………………… 92
　　第五节　公民意识视域下的大学生法律教育 ……………………… 99

第六章　大学生法制意识理论研究 …………………………………………… 103
　　第一节　大学生法制教育中的问题与对策 ………………………… 103
　　第二节　法制教育与大学生就业指导融合 ………………………… 107
　　第三节　大学生法治意识培养的内涵与路径 ……………………… 110
　　第四节　大学生法制教育与思想政治教育的有效结合 …………… 114

第七章　大学生法制意识创新研究 …………………………………………… 119
　　第一节　新媒体环境下大学生法制教育对策 ……………………… 119
　　第二节　大数据时代大学生网络法制教育 ………………………… 121
　　第三节　大学生创业法制教育 ……………………………………… 128
　　第四节　法制意识与校规校纪教育的大学生教育管理 …………… 132

第八章　法律教育实践与教学体系构建研究 ………………………………… 138
　　第一节　法律教育的实践原理与法律实践课程 …………………… 138
　　第二节　法律教育的问题、挑战和改革突破口 …………………… 151
　　第三节　高校法律实践教学支撑体系与运行体系构建研究 ……… 168

参考文献 ………………………………………………………………………… 185

第一章 法律基本知识

第一节 法律概述

一、什么是法

法是由国家制定或认可，并由国家强制力保证实施的，反映出由特定物质生活条件所决定的统治阶级意志，以权利和义务为内容，以确认、保护和发展统治阶级所期望的社会关系和社会秩序为目的的行为规范体系。

二、法的特征

（一）法是调整人们的行为或者社会关系的规范，具有规范性

法律作为一种行为规范，为人们提供某种行为模式，指引人们可以怎样行为、必须怎样行为或不得怎样行为。

（二）法是由国家制定或者认可的，体现了国家对人们行为的评价，具有国家意志性

国家制定，指国家立法机关根据其职权创制新法律；国家认可，指国家立法机关赋予社会上业已流行的行为规则以法律效力。制定或认可是国家创立法律的两种主要方式。法律是由特定的国家机关制定或认可的，所以我们又常常把法律称为"国法"。

（三）法是以国家强制力为最后保证手段的规范体系，具有国家强制性

国家强制力主要指军队、警察、法庭、监狱等。法以国家强制力为后盾，由国家强制力保障实施。法的国家强制性，既表现为国家对违法行为的否定和制裁，也表现为国家对合法行为的肯定和保护；既表现为国家机关依法行使权力，也表现为公民可以依法请求国家保护其合法权利。

（四）法在国家权力管辖范围内普遍有效，因而具有普遍性

法与其他社会规范的重要区别之一，就在于法具有普遍约束力，即法作为一个整体在本国主权范围内，所有国家机关、社会组织和公民都必须遵守法。而其他社会规范的适用范围有大有小，各不相同，比如公司规章只能约束公司人员，宗教规范只对教徒有效，它们都没有真正的普遍性。

三、法与道德的区别

法与道德作为人的行为规范和行为准则，都有维护国家机器正常运转，维护社会生活有序进行的作用。两者相互配合、相互映照。

（一）起源时间不同

法是随着阶级和国家的产生而产生的；道德则是任何社会都有的社会意识形态，有人群的地方就有道德的存在。道德的出现远早于法。

（二）表现形式不同

法由国家制定或认可，其制定、修改、废除都有严格的程序规定；道德通常是约定俗成的，存在于人们的思想和观念之中。

（三）内容规定不同

法的内容更具体、更明确，既规定人们的义务，又规定人们的权利，强调权利、义务的一致性；道德则侧重于人们的义务而不是权利，也不要求体现权利和义务的一致性。

（四）实现方式不同

法凭借国家的强制力实施；道德则主要依靠社会舆论和传统的力量使人们自觉维护。

（五）调整范围不同

法律只调整人们的外在行为；而道德调整的对象不仅是人们现实的行为，还包括人们的思想、品格和行为的动机。所以，道德比法律调整的范围要广泛得多。

四、我国社会主义法的作用

（一）维护和促进社会主义民主建设

在我国，社会主义法和民主的关系通常称为民主和法制的关系，这两者是相互结合、相互作用的。离开民主讲法制，法制就没有依据；反之没有法制，民主就没有保障。所以我国社会主义法首先就是要确认和维护我们的国家制度，即人民民主专政；要保护人民民主，并对敌对势力实行专政，有效打击严重的刑事犯罪活动。社会主义法促进民主建设方面的作用还体现在维护社会秩序，解决民事纠纷；巩固国防，保障国防现代化；维护和发展社会主义民族关系，保障民族区域自治的实现；规范和推进政治体制改革，等等。

（二）维护和促进社会主义经济建设

经济建设是社会主义现代化建设事业的中心。社会主义法在这一方面的作用首先体现为维护社会主义基本经济制度，即社会主义公有制、按劳分配，等等；保护和促进社会生产力的发展；维护和促进经济体制改革；制裁各种破坏阻挠改革的活动，包括以改革之名而行犯罪之实的活动，等等。

（三）保障和促进社会主义精神文明建设

法制观念是精神文明建设中思想道德部分的一个重要内容，我国社会主义社会的全部法律都对精神文明建设有促进作用。社会主义法和精神文明建设关系密切：社会主义法是精神文明的产物，两者并行发展，相互促进。精神文明建设的发展为法制建设创造了有利条件，法制建设有力地保障了精神文明建设。

（四）保障和促进对外交往

社会主义法保障我国独立自主的外交政策的执行，保障对外经济、技术和文化交流，规范其他涉外关系。

第二节　法律责任

一、法律责任的概念

法律责任是指违法者对自己的违法行为必须承担的责任。

二、法律责任认定的原则

认定法律责任，必须坚持下列原则。

（一）责任法定原则

只有根据法律上的明文规定，才能成为确认和追究违法责任的依据；对违法责任的确认和追究，必须严格依法进行，严格限制类推；反对无限追溯，国家不能用今天的法去要求人们昨天的行为；没有法律授权的任何国家机关或社会组织都不能向责任主体问责。

（二）责任自负的原则

实施了违法行为的人必须承担其法律责任，而且必须是独立承担责任。任何法律责任，都只能限于违法者本人，不能株连其亲属或其他人。

（三）法律责任与违法行为相适应的原则

法律责任的性质、种类和轻重应与违法行为的性质、种类和危害程度相适应，既不能轻犯重罚，也不能重犯轻罚。

（四）责任平等原则

在追究法律责任时，应对责任主体不分种族、民族、性别、职业、社会出身、财产状况等，一律平等地追究其责任，绝不允许任何人享有规避法律责任的特权。

三、法律责任的构成

法律责任的构成是指认定法律责任时所必须考虑的条件或必须符合的标准。法律责任的构成包括以下五个方面。

（一）责任主体

责任主体是指违法主体或承担法律责任的主体，包括自然人、法人和其他社会组织。

（二）违法行为或违约行为

违法行为或违约行为包括作为和不作为两类。作为是指做了法律所禁止或合同所不允许的事从而导致承担法律责任；不作为是指不履行法律规定的义务、不做法律规定应做的事或不做合同中约定的事，从而导致承担法律责任。

（三）损害结果

损害结果是指违法行为侵犯他人或社会的权利和利益所造成的损失和伤害。损害结果可以是对人身的损害、财产的损害、精神的损害，也可以是其他方面的损害。

（四）因果关系

因果关系是指违法行为与损害结果之间的必然联系。

（五）主观过错

主观过错是指行为人实施违法行为或违约行为时的主观心理状态，包括故意和过失两类。

四、法律责任的种类

（一）行政责任

行政责任是指因为违反行政法或因行政法规定所应承担的法律责任，分为行政处分和行政处罚。行政处分包括警告、记过、降级、降职、撤职、开除等；行政处罚主要有警告、罚款、没收违法所得、没收非法财物、责令停产停业、暂扣或者吊销许可证、暂扣或者吊销执照、行政拘留等。

（二）民事责任

民事责任指民事法律关系的主体没有按照法律规定或合同约定履行自己的民事义务，或者侵害了他人的合法权益，所应承担的法律后果。民事责任包括违约责任（又称合同责任）和侵权责任两类。根据《中华人民共和国民法通则》（1986年4月通过）的规定，承担民事责任的方式主要有：停止侵害；排除妨碍；消除危险；返还财产；恢复原状；修理；重作；更换；赔偿损失；支付违约金；消除影响；恢复名誉；赔礼道歉。

（三）刑事责任

刑事责任是指国家刑事法律规定的犯罪行为所应承担的刑事惩罚。任何公民、法人实施了违反刑事法律的行为，都要承担由于他的行为所造成的法律后果。犯罪与刑事责任是紧密联系的，认定犯罪的目的，就是为了追究犯罪人的刑事责任。

（四）违宪责任

违宪责任是指有关国家机关制定的某种法律、法规和规章，以及国家机关、社会组织或公民的某种行为与宪法的规定相抵触，因而必须承担相应的法律责任。在我国，全国人民代表大会常务委员会负责监督宪法实施，认定违宪责任。

第三节 依法治国

一、依法治国的科学内涵、基本要求和意义

(一)依法治国的科学内涵

1997年9月,中国共产党第十五次全国代表大会明确将"依法治国,建设社会主义法治国家"作为党和国家的治国方略和奋斗目标确定下来。这是一项具有全局性、根本性和深远历史意义的战略决策。

依法治国,就是广大人民群众在中国共产党的领导下,依照宪法和法律,通过各种途径和形式管理国家事务,管理经济文化事业,管理社会事务,保证国家各项工作都依法进行,而不受任何个人意志的干预、阻碍或破坏。简而言之,依法治国就是依照法律来治理国家。

(二)依法治国的基本要求

依法治国是社会主义法治的核心内容,是我们党领导人民治理国家的基本方略。依法治国的基本要求可以用四句话来概括:有法可依、有法必依、执法必严、违法必究。

1. 有法可依

有法可依指社会的政治、经济、文化等各个领域都有良好的法律可资依据和遵循。这是依法治国的法律前提。

2. 有法必依

有法必依是指一切政党、国家机关、社会团体、企事业单位、公民都必须依法办事。这是依法治国的中心环节。有法必依的具体要求包括:党必须在宪法和法律的范围内活动;一切国家机关及其公职人员必须严格依法办事;广大社会成员都要依法办事。

3. 执法必严

执法必严指执法机关和执法人员必须严格依照法律规定办事,坚决维

护法律的权威和尊严。这是依法治国的关键。

4. 违法必究

违法必究，就是要严格追究违法犯罪行为人的法律责任。这是依法治国的必要保证。

（三）依法治国的重要意义

1. 依法治国是党领导人民治理国家的基本方略

我国实行社会主义制度，中国共产党是各项事业的领导核心。坚持党的领导，是保证国家能够沿着社会主义方向前进的唯一条件，各项制度和方针、政策能够符合全体人民的意志和利益的根本条件。实行依法治国，能够更好地加强和改善党的领导。党的领导是支持和领导人民当家作主。《中华人民共和国宪法》明确规定："国家的一切权力属于人民。"但是，人民不可能人人都去执掌政权，而只能通过民主选举产生政权机关，代表人民行使权力。为了保证这种权力的行使能符合人民的利益，根本的办法就是在党的领导下，通过制定和实施体现人民意志和利益、符合社会发展规律的法律，并保证这种法律具有极大的权威，来确保政府为人民服务，为公众谋利益。

2. 依法治国是发展社会主义市场经济的客观需要

市场经济是一种以交换为基础的经济形式，一切经济活动和行为都要遵循价值交换规律，各种生产要素都要作为商品进入市场，通过市场竞争机制和价格杠杆的作用，实现各主体的平等、自由的交易和各类资源的优化配置。因此，市场经济要求各经济主体之间具有自主性和平等性，并且承认各自的物质利益。这就从客观上要求通过法律的规范、引导、制约、保障和服务。因此，依法治国，是发展社会主义市场经济的客观需要。

3. 依法治国是社会文明进步的重要标志

法律的产生、存在和发展，根源于人类社会生活本身始终存在的三个主要矛盾，即，个人与社会的矛盾、秩序与自由的矛盾、权威与服从的矛盾。如果人类社会没有法律这种调整社会关系的行为准则，社会正义必将难以维护，社会自身的发展和存在都会成问题。历史证明，稳定、繁荣、发展、文明的社会，都要依靠法律。因此，依法治国是社会文明进步的重要标志。

4. 依法治国是国家长治久安的重要保证

法律集中了多数人的智慧，反映了事物的发展规律，法律具有相对稳定性和连续性的特点，不会因政府的更迭和领导人的看法和注意力的改变而随意改变。因此，依法治国，是国家长治久安的保证。

二、依法治国，建设社会主义法治国家

（一）完善法律体系

中国特色社会主义法律体系形成以后，要进一步加强立法工作，切实提高立法质量，不断完善法律体系，以适应依法治国、建设社会主义法治国家的新形势、新情况、新要求。

（二）树立社会主义法治理念

社会主义法治理念反映出和指引着社会主义法治的性质、功能、目标方向、价值取向和实现途径，是社会主义法治的精髓和灵魂，也是立法、执法、司法、守法和法律监督的指导思想。

（三）树立宪法和法律权威

树立宪法和法律的权威，关键是切实有效地实施法律。法律制定以后，必须得到严格执行和遵守。保证宪法和法律在国家政治、经济、文化、社会等各方面得到严格执行和遵守是一项巨大的系统工程，需要全社会各方面的共同努力。

（四）完善司法体制机制

现代法治的一项重要原则是司法独立。其基本要求是，司法机关审理案件不受外界非法干扰，以保证案件审理的客观性和公正性，严格做到以事实为根据，以法律为准绳。通过司法体制机制的改革，切实保证案件审理的客观、公正、廉洁和高效。

（五）加强法制宣传教育

进一步加强法制宣传和教育，增强广大人民群众特别是各级领导干部

的法治观念,从而形成良好的法治环境,是建设社会主义法治国家的一项重要内容。我国由于历史的原因,群众法制观念淡薄,需要进一步加强法制宣传和教育,为实现依法治国,建设社会主义法治国家提供广泛的群众思想基础和良好的法律文化环境。

第二章　法律与法制

第一节　法律·法制·法治

一、法·法律·法律信仰

（一）法与法律

在英语中，law 含有法、法律之意，有规则、规律等多重含义，其核心是正义（公平、公正）。亚里士多德认为，正义是指人们在社会关系中所产生的一种美德，城邦在正义的基础上衍生出法律，以判断人间的是非曲直。

西周金文中的"法"写作"灋"，与"刑"通用。"灋"由三部分组成：氵、廌、去。"平之如水，故从水；廌所以触不直者去之，从去。"[①]"廌"（zhì）为解廌，也称獬豸、独角兽，神话传说中似羊非羊、似牛非牛、似鹿非鹿的神兽。相传，它有辨别罪与非罪的本能，它用犄角顶谁，谁就是真正的犯罪人。

中国古代的法又与律通用。最早把"法""律"二字连在一起使用的是春秋时期的管仲，他说："法律政令者，吏民规矩绳墨也。"又据《史记》记载，秦始皇灭六国，"法令由一统"，法"更为法律"。但总的说来，"法""律"两字是分开使用的，直到清末民初，"法律"才被广泛使用。

---

① （汉）许慎.说文解字[M].北京：中华书局，2023.

（二）法律意识与法律信仰

法律意识是公民对客观法律现象的主观反映，是人们关于法和法律现象的思想、观点、知识和心理的总称。法律意识包括相互联系的三个结构：①法律知识：具有认识功能的法律知识是形成公民法律意识的基础和前提。②法律态度：具有评价功能的法律态度，是影响公民实施合法行为或违法行为的关键。③守法行为素养：具有调节功能的守法行为素养——抗诱惑能力、行为自控能力和良好行为习惯，是个体社会化成熟程度的反映。

法律意识教育的目的主要是培养公民形成知法、懂法、守法、用法的意识和行为，维护法律的尊严，以保障社会的正常秩序和公民的合法权益。法律意识不仅仅是人们对现行法律的观点、知识和心理态度，更重要的是人们对法律的信仰程度。法律必须被信仰，否则将形同虚设。法律信仰能够引领人们选择法律途径，预防、转化或解决社会冲突，同时也是法治社会秩序的精神支柱。

所谓信仰，一方面是人们发自内心的一种笃信，使人们像教徒一样虔诚地信奉。另一方面，使人们将其作为行为准则，甚至成为一种理所应当的准则。信仰是一种神圣性的行为，这种神圣性决定了信仰对象的不可怀疑性。

什么是"法律信仰"？法律信仰是根源于人类对人性和社会生活的科学分析和理性选择，进而形成的对社会法的现象的信任感和依归感，以及产生对法的现象的神圣感情和愿意为法而献身的崇高境界。从心理学的视角看，法律信仰是在社会主体对社会法的现象理性认识的基础上产生的一种心悦诚服的认同感和依归感，是人们对法的理性和激情的升华，是主体关于法的主观心理状态的上乘境界。

苏格拉底把遵从和恪守法律的尊严看成人的美德，并且身体力行而成为雅典公民守法的典范。面对虽然不合理、不合情但合法的死刑判决，他放弃了在朋友的帮助下越狱而苟活的机会，毅然决然地服从法律的制裁。他认为，正义的义务需要人们恪守与他人达成协议的约定，要尊重他们的权利，并考虑到他们的利益。作为雅典的公民，已经与国家签订了"神圣的契约"，是不能违背的。

公民对法律的信仰，首先，高度信奉法律精神；其次，将法律作为自己的行为准则。为什么人们信仰的是法律精神而不是法律本身？因为就信仰而言，越崇高越好，而法律是一个实实在在的存在，是一个不断发展完善的过程，必定存在不尽如人意之处。而法律精神，如人人平等、权利与义务对等等，更容易成为人们的信仰并自觉遵循。总之，法是崇高的，而信仰的力量是无穷的。如果人们把法律作为一种信仰来相信、来崇敬、来遵守，毫无疑问，这个社会将会发展成一个高度法制的社会，将会极大接近人们理想中的社会。

二、法制·法制心理与法制精神

（一）法制与法制心理

法制一词，中外古今用法不一，含义也不尽相同：①泛指国家的法律和制度。②特指统治阶级按照民主原则把国家事务制度化、法律化，并严格依法进行管理的一种方式。这种意义上的法制与民主政治联系密切，即民主是法制的前提，法制是政治民主的体现和保证，只有使民主制度化、法律化，并严格依法办事，以确立一种正常的法律秩序的国家，才是真正的法治国家。

法制心理，广义的理解，是指包括立法、司法、守法和违法等方面的心理学问题；狭义的则主要指与违法犯罪心理相对立的守法心理问题，也称法制观念。从认识论的意义讲，法制心理是人脑对社会法律规范系统的主观反映。

是先有法制、法律、行为规范，还是先有守法意识？从社会意义上讲，先有意识，才能制定法律法规。就个体而言，法制心理是一定社会法律、规则在头脑中的反映。有社会现实中的道德、法律规范系统的约束，才有遵纪守法心理的产生。所以，社会现实中道德、法律规范系统的存在是法制心理产生的前提和基础。

法制心理与违法犯罪心理是根本对立的，对人们的行为具有调节、支配作用。人们只有用法制心理战胜违法犯罪心理，其行为才会顺从社会道德和法律的规范。法制心理逆反现象的出现，一是社会标识——认为是一种必然，如"为人不做官，做官都一般""常在河边走，哪能不湿鞋"。二是法制本身的缺陷，使得一些人能有机会规避法律、违反法律和超越法律而为所欲为。他们一次次的成功，便会更加轻视法律，更加肆无忌惮，同时，更多的人步其后尘。三是人们约束自身行为的方式发生了变化。市场经济条件下，必然涉及主体平等、等价交换、公平等问题，这就要求法律的健全和完善。但人们原有的观念、心理很难马上适应这种变化。原有的行为方式和新的行为规则之间的碰撞不可避免。四是人们自然利益加以调整后而产生的社会现象。市场经济是一次社会的大变革，有体制的变革，也有人们的利益关系的调整。人们认可的是那些对自己有利的变革和新规则，对不利于自己的，或者自己还不理解的变革和规则就会怀疑、不满、指责。利益驱使是人们法制心理逆反的一个重要因素。法制心理逆反是消极的社会现象，它有损于法制的权威和尊严。这就更要求立法要有成效，要有法可依，有法必依，违法必究。

（二）法制精神

法制精神是法制意识的核心，它的宗旨在于用法律限制和约束各种膨胀的社会张力，从而使人民的权利得到保障。法制中的"制"的含义不是制度，而应是制约，它包括法律规范的制约、法律秩序的制约、人民违法行为的制约。社会主义法制应包括法制精神，它是在以民主为核心价值的法律制度的基础上，用法律对公民和政府的行为进行制约。人们在实际生活中是否遵守法律，在很大程度上取决于人们"意识到的责任"是否强烈。即人们意识到的责任越强烈，对法律越服从，产生违法行为的可能性就越小。

三、法治·法治国家·法治认同

（一）法治与法制

"法治"与"法制"都是法律文化中的重要内容，都是人类文明发展到一定阶段之后的产物。其中，"法制"是法律制度的简称，是一种社会制度，属于法律文化中的器物层面；"法治"则是一种与"人治"相对应的治理社会的理论、原则、理念和方法，是一种社会意识，属于法律文化的观念层面。与法治相比，法制是一种更正式、更稳定、更制度化的社会规范，更强调社会治理规则的普适性、稳定性和权威性。法治则更强调社会治理主体的自觉性、能动性和权变性。从法律的制定、执行到修改都必须按照法律本身制定的规则，人的能动性只能在法律规定的范围内发挥作用，而不能超越法律，这正是法治内在的本质要求。

"法治"思想可谓源远流长，从亚里士多德反对其老师柏拉图的"人治"观，提出法治观开始，已经历了数千年的时间。"法治"是先秦法家提出的一种理想、主张和治国方略。但当时的法治观还不是现代意义上的法治，而是确定强调把法律作为"治国之术"。法治包含两重意义：已成立的法律获得普遍的服从，而大家所服从的法律本身又应是良好制定的法律。这就是说，所谓法治，即良法与守法的结合。具体体现在立法、执法、司法和守法各个方面。法治究竟离我们有多远？怎样建设一个法治的国家、法治的社会？无法回避，也不容乐观。

历史地看，中国是一个缺乏法治传统的国家，中国传统社会是一个法制与人治相结合的封建社会。虽然中国缺乏法治传统，但中国的法治建设历史却源远流长，是人类历史上拥有最悠久法律传统的国度之一。中国的旧社会控制体系是以人治为体，以法制为用。直到改革开放之后，才开始推行真正意义上的法治。党的十八届四中全会审议通过的《中共中央关于全面推进依法治国若干重大问题的决定》（2014年）明确提出"依法治国"，这在党的历史上是首次。全会提出"建设中国特色社会主义法治体系，建设社会主义法治国家"的总目标；明确了全面推进依法治国的重大任务。即"完善以宪法为核心的中国特色社会主义法律体系，加强宪法实施；深入推进依法行政，加快建设法治政府；保证公正司法，提高司法公信力；增强全民法治观念，推进法治社会建设；加强法治工作队伍建设；加强和改进党对全面推进依法治国的领导。"而这个总目标和重大任务的实现与完成，需要全体公民的认同与广泛参与。

（二）认同·法治认同

认同研究是社会心理学研究的一个重要领域，近年来，社会心理学研究者将社会认同理论运用于法律心理学的研究。公民的法律意识和法治认同，对于我国社会的进步与发展，具有重要的意义，应作为法律心理学研究的重要问题。

心理学意义上的认同（identity）一词最早是由弗洛伊德提出的。弗洛伊德认为，认同是个人或群体在感情上、心理上趋同的过程。埃里克森对认同概念做了进一步解释和阐述，并将"同一性"分为"自我同一性"和"集体同一性"。认同的本义在于确立归属，这也是多元情境中重寻安全感和集体感的需要。认同是社会行为意义的掌控，是个体成员社会化过程的完成。正因为认同涉及自我和他人、内群（in-group）和外群（out-group）的界定与划分，在全球化、多样化的今天，在国家乃至地方共同体的完整性受到挑战的时代，认同更是成了人们关心的热门话题。就中国而言，1997年的香港回归涉及社会认同的寻觅，2008年的奥运会涉及民族认同的再现和重构，而今，法律、法治的认同更是成为人们普遍关注的课题。

所谓的法治认同，是指公民对国家制定的良好的法律的普遍认可和接受，是公民通过实践经验和理性对法律进行评判，因法律顺应人们的价值期待，满足人的需要，从而得到公民的尊重、信任和愿意服从的过程。公民的法律法治认同，意味着对"良法"的认同，而非对"恶法"的认同。这就避免了在法治化进程中的"人治之法"，同时也避免了对法律的非理性化崇拜。

总之，法律是社会安稳、人们生活幸福的基本保障，这样的法律即为"良法"；依法行政、司法公正，加大执法的透明度，这样的社会才是法治的社会，才能得到全体公民对法治的认同，才能实现"建设中国特色社会主义法治体系，建设社会主义法治国家"的总目标。

第二节　法律信仰与法制现代化

当代中国法制正处于由"传统人治型的法律价值——规范体系"向"现代法治型法律价值——规范体系"的历史转型期。这一历史性转变的实质乃是法制现代化的过程。法制现代化是一个变革的概念，是法律发展的一个特殊历程；同时，法制现代化又是一个整体性的概念，不仅包蕴着社会各种法律制度要素的重构，而且还指法律文化价值观念的现代化。在社会法律文化系统各因素中，法的信仰是关键与核心，因而，研究法制现代化离不开对法律文化的全方位探讨，而在法律文化体系中，法的信仰问题无疑具有特殊重要的意义。

一、关于法制现代化的探讨

（一）"法制"与"法治"

"法制"是静态与动态的有机统一：从静态方面看，法制是指法律制度的结构，即规范、制度和体系；从动态方面看，它是指法律的实现过程，即法律调整过程及其后果——法律秩序。"法治"的基本特点是：社会生活的统治形式和统治手段是法律；国家机关不仅仅适用法律，而且其本身的工作也为法律所支配；法律是衡量国家及个人行为的标准。

（二）法制现代化的内涵特征

蒋立山在《法律现代化——中国法治道路问题研究》中写道："可以用从人治型的法律秩序向法治型的法律秩序来概括中国现代化的法治进程，简单说，就是从'人治到法治'。"

吕世伦、姚建宗认为法制现代化的内容是十分广泛的，是一个多层次的概念。具体而言，法制现代化是指一个国家或地区从法的精神到法的制度的整个法律体系逐渐反映、适应和推动现代文明发展趋向的历史过程。

公丕祥教授在1988年下半年由其牵头的"中国法制现代化的历史道路"课题研究中，始终注意这样三个问题：第一，认真把握中国法制现代化的概念分析工具。第二，在与西方社会法制现代化进程的比较分析中，深入考察近现代中国法制现代化的主要特点。第三，深入揭示中国法制现代化的运作机理。从1988年至2006年，公丕祥教授对法制现代化的研究不断深入，形成了较为系统的法制现代化理论并不断将其完善。

以上学者均认为法制现代化是一个包含了人类法律思想、行为及其实践等各个领域的多方面进程。法制现代化是一场意义深远的法制变革过程。因此，法制现代化首先是从事这一变革的主体自身的现代化，是把表现传统法律观念并以传统模式行动的人转变为具有现代法律意识和行为的人的广泛过程。

二、法律信仰的概念分析

（一）法律信仰的概念

法制现代化是一个整体性概念，是一个庞大的社会系统工程。它不仅包蕴着社会各种法律制度要素的重构，而且还指法律文化价值观念或法律精神的现代化。在社会法律文化系统各因素中，法的精神或法律价值体系的现代化是完成整个社会法文化系统现代化的关键和核心。因而，研究法制现代化离不开对社会法的价值体系的全方位探讨，而在法的观念体系中，法的信仰问题无疑具有重要的意义。

（二）法律信仰对于实现法制现代化的重要意义

日本著名法学家川岛武宜认为："法不是只靠国家来加以维持的……大凡市民社会的法秩序没有作为法主体的个人的守法精神是不能维持的。"无独有偶，美国著名法哲学家、法律史家伯尔曼则更为明确地指出："法律必须被信仰，否则它将形同虚设。"由于对法的信仰，人们坚信人类可以依靠法的力量去实现人的价值，进而通过法找寻到可靠的安全保障，实现人和社会的终极目的，体验到人的价值、尊严乃至人生和社会生活的终极意义。

三、我国公民法律信仰之现状

在当代中国，法律执行难、法律实现效益低下的问题已经引起了人们的广泛关注，它严重制约了我国法制现代化的发展。因此，在当代中国深入研究和大力提倡公民对法律的信仰，不仅具有重要的理论意义，而且富有直接的现实意义。进行广泛的法律意志品质教育，塑造中国人的法律意志品格，对于当代中国确立公民的法律信仰，推动中国法律文化的现代化具有特殊重要的意义。

四、法制现代化进程中的印记

（一）裁判文书公开制度

自 2008 年 8 月起，香港司法机构已把自 1995 年以来的具有法学价值的中文判决书连同其英文译本上传至司法机构网站，作为资料库中新增的分类资料。为了便于公众查询裁判文书，网站提供了两种查询办法：一是根据法院类型查找，二是根据案件编号快速搜寻。

2013 年 11 月 13 日，《最高人民法院关于人民法院在互联网公布裁判文书的规定》由最高人民法院审判委员会第 1595 次会议通过，并于 2014 年 1 月 1 日起施行。最高人民法院在互联网上设立了中国裁判文书网，统一公布各级人民法院的生效裁判文书。

裁判文书上网公开可以说是人们渴求公平正义的倒逼机制，即通过裁判文书的公开，"倒逼"法官提升素质，转变审判理念和审判方式，进而实现司法公正、提高司法公信力。

裁判文书公开制度是我国法制现代化进程中迈出的一大步，当然，这与我国公民法律素质的提高有着密不可分的关系，公民对于裁判文书公开的渴求，依法依规保障自己的知情权、监督权，奏响了司法公开的最强音。

（二）对不作为认定和追责观念的转变

2016 年 10 月 15 至 16 日，中国行政法学研究会 2016 年年会在广西南宁召开。围绕行政法重点问题："行政不作为、市场监管、行政检察监督"主题，本次会议设有"行政不作为法律问题""市场监管及其行政法问题""行政违法行为检察监督问题"以及"法治政府新课题"等四个议题。这是广大人民群众普遍关注的问题，对这些议题的研究和讨论有助于法治政府建设更加快速地推进，对全面推进依法治国，提升国家治理体系和治理能力现代化具有重要意义。专家学者们从行政法角度对此提出了全新的思考，回应了社会的需求。

我们认为，法律信仰是公民法律文化心理素质的有机整体系统，是法律知识、法律情感和法律意志的集合体，是现代法治国家公民法律文化精神的理性和激情的升华。作为一项伟大的社会系统工程，法律信仰不是一蹴而就的，而是国家长期社会法律文化建设的成就在公民心理上积淀的产物，是各种社会文化和法律文化因素综合作用的结晶。因此，构造公民的法律信仰是现代法治建设中的一个重要环节，必须依靠全社会的共同努力，经过长期的社会和法律实践才能最终实现。只有这样，我们才能把法律信仰的研究奠定在现实的实证分析的基础上，从而自觉营造有利于公民的法律信仰，形成良好的社会条件和法律环境。

第三节　健全学生法制教育课程体系

目前，我国职业院校的法制教育中仍有多种多样的问题，应增强职业院校学生接受法制教育的意识，建立健全科学的法制教育课程体系，提高职业院校的法制教育和学生的法制观念。

一、法制教育课程存在的问题

（一）学校法制教育缺乏长期性

法制教育是一项艰巨而长期的工作，在进行法制教学时，教师往往会忽视这一点，不能进行系统性的培训和指导，不能对学生进行持久的理论和实践指导，这样就无法帮助学生建立起法律意识，进而养成法制意识。

（二）教师的教学计划不能和学生的学习实际结合

教师的法律教学计划最终要服务于学生的学习，教师对学生进行指导和教育时，应该与学生的学习实际情况进行紧密结合。在不合理的教学计划的指导下，法制教学的方向就可能会产生偏差，这样不仅浪费了教师和学生的时间和精力，还会给学生造成错误的引导，让学生的学习难度加大，在法律知识的学习中收获不到乐趣与成就感，学生的后续学习动力也会不足，这样反而不利于教师对教学计划的不断完善和优化，不能形成师生之间的良性循环。

（三）法制教育活动相对缺乏系统的配合

学校可以为学生举办形式多样的法制教育活动，学生可以根据自己的兴趣喜好进行深入学习和研究，学生的学习效果会因为自身法律知识储备的不同，以及对法律知识的理解能力不同而有所区别。目前职业院校对于法制教育活动的支持和关注力度还不够，学校不能从宏观上正确掌控，学生的法制学习兴趣和热情就会受到一定的影响，无法达到法制教育的最终目的。

（四）教学方法单一

有数据显示，在面对同一知识点的时候，教师采用口授形式进行教学，学生在两节课内理解度最多能达到55%；只看学生能理解70%；如果听、看、说并用学生能理解90%。[①] 所以在教学中可以多种教学方法交互使用，开展多维教育教学，尤其是利用信息技术进行教育教学，例如，利用微课课程教学等。只有把教师、学生、教材三者有机结合才能产生最大的教学效果。

二、增强学生接受法制教育的意识

职业院校虽然已经开展了法制教育，增加了法制教育课程，但教学方

---

① 万昆. 信息科技课程教学论 [M]. 南昌：江西人民出版社，2022.

法单一，经常是采取灌输的方法进行教学，缺乏生动形象的教育形式，使得当下职业院校的法制教育效果并不理想。

职业院校要想得到社会各界的大力帮助，只能把社会、学校、家庭这三方面有机结合在一起，只有这三者相融后的法制教育才能促使学生开始独立思考，并从中找到正确的法制观与人生观。文化教育建设是法制观念实现的重要环节，特别是要加强与地方的相互联系和合作，不仅要改善学校的文化环境，更要增强学校周边的环境，清理学校周边的黑网吧、歌厅、台球室等，加强对学校网络的监管，坚决抵制黄色、暴力、邪教网站的传播，净化网络环境。调查发现，许多学生的坏习惯是在家里养成的，所以家庭教育环境的改善也至关重要，家庭环境是影响孩子的主要场所，一些家长的坏习惯很容易被孩子学到，所以学校要联合社会和家庭共建良好的法制环境，不断优化文化环境，保证学生能够顺利成长，为进入社会奠定牢固的法律基础。

（一）重视社会实践教育

社会实践教育是当下学生的重点方向，尤其对于职业院校的学生来说，实践教育尤其重要，学校依靠开展多种方式、内容多变的社会实践。例如，在学校宣传栏中加强对法制教育的学习和宣传，在学校广播中加强对法制节目的宣传，在社会调查中加强法律知识调查，在组织集体活动时注重加入法律元素，引导学生用心学习法律法规，用眼看懂法律现象，用脑去思考法律相关知识，用耳去听法律讲座。全面加强学生的法律知识储备，持续强化学生的法律意识，以实际活动和亲身实践加深学生对于法律的认识和理解，不断提升学生学习法律的主动性和实践探索的能力，提升学生充分利用自身的学习主动性去挖掘法律实践的资源，不断从身边的实践出发树立法制观念。

（二）制订统一的教学计划

首先，确定法制教育课程的设置，保证课程的实施。一方面要加强对法制教育课程实施的保障，另一方面要加强对课程内容的保障，不允许法制教育课程被其他课程挤占，保证课程的保有量，保证学生的学习时间，进一步提升法制教学效果。其次，制定法制教育的教学计划。除了课堂教学之外，加强对校园法制教育的总体规划，全方位提升学校法制教育的能力和水平，引导法制观念深入人心，让学生能够在潜移默化中提升法制观念，自觉维护法律法规。职业院校的法制教育课程应正规化、科学化、系统化，以提升职业院校在课程设置、制度保障上的能力和水平。同时，法制教育课程的教学提纲、教学内容等方面都要达到国家标准化要求。注重法制教育课程中内容的真实性、真理性、指导性和针对性，要建立健全和完善职业院校所一直坚持的法制教育体系，并规划出具体的教育内容及方案，并能保证落实到各个环节，因此在教授法律教育课程的内容时，要注重前后内容的互相融合，不断提升内容的贴合度。

其次，好的法律教材应该拥有法制中的严谨性、科学性，同时符合职业院校学生的认知情况，而教师也应该在开展教学前详细了解课文内容，为法制概念的讲解进行铺垫，对相应的知识重点进行深入讲解，保证学生可以了解教材详细情况，也可以通过教材中的配图对相关内容展开教学。

最后，加强法律实践教学。实践教学主要体现在两个方面，一是课堂实践活动，另一则是课外实践操作。其中课堂实践活动主要指的是教师在教学内容的配合下不断加强学生的主动学习和集体讨论，通过创设课堂实践活动，引导学生积极参与思考和讨论，增强学生学习的主动性和自觉性，不断通过实践活动获得更加直接或亲身操作的体验和知识。课外实践活动是指课外自觉维护法律权威，积极保护自身法律权益，坚决抵制违法犯罪行为的活动，这是加强法制观念的深层次运用，是法律知识的操作和实践，也是提升法制观念的最有效途径之一。

三、建立健全科学的法制教育课程体系

（一）加强校园法制文化建设

随着教育资源和教学手段的不断拓展，利用新媒体解决传统教育中的不足是实现法律教育目标的有效手段，特别是新媒体的发展和壮大，各种学习资源都能够通过新媒体被学生获得，所以更要主动地利用新媒体把正面、积极的法制思想传播到学生身边，不断增强学生对于法律知识的了解

和认识，不断夯实学生的法律知识基础，不断培养学生的法制观念，用新媒体的形式，提高学生的兴趣，挖掘新媒体潜力，带动学生学习法律知识，是职业院校强化学生法制观念的举措与内容。

要加强师生之间的相互交流、相互了解，只有注重沟通才能更好地解决问题，教师通过与学生的沟通可以了解教学中存在的问题，这种方法可以缩短教师与学生之间的距离。还应尊重学生的学习意愿，只有深入学生之中才能了解到学生的具体问题，只有平等对待学生才能让学生更好地接受法制教育。至于教育教学方法可以采用案例教学方法和讨论教学方法，真实的案例有利于学生对这一问题的研究与学习，讨论可以让学生对知识点了解得更深，这样有详有略地进行讲解可以更快更好地培养学生的法制观念。在教授几乎没有任何法律基础的非法学专业的职业院校学生时，教学案例的选择应和教授法学专业的学生不同，案例的选择应以职业院校学生日后工作及生活中可能涉及的案例为主，以此来激发起学生探索的兴趣。

（二）改革课堂教育形式

高效利用互联网资源开展法制教育教学，丰富法制课堂形式。虽然目前法制观念已深入人心，但是职业院校的法制教育还处于摸索阶段，对于如何办好职业院校的法律教育课程一直是人们思想上的难题。普通高等教育阶段的法律教育体系相对健全，许多高校的教学方法较为成熟，而职业院校在法律教育上是对传统高等教育的法律教材进行了压缩，没有充分考虑职业院校的办学特色和学生的实际情况。职业院校的法制教育模式过于单一，无非是对传统法制教育课程的重复、延伸，因此，已不能满足社会需求。职业教育和普通高等教育存在较大差别，职业教育的特点为满足市场专业技术的需求，所以职业院校的法律教育课程要加强与专业学科的结合，以其专业特殊性制定较为合理的教育教学计划。只有法制观念在学生心目中生根发芽，才能使法律课程的教育目标在与职业院校的办学特色紧密结合的情况下得以全方位、多角度地实现。

（三）注重相关学科间的相互渗透

不断加强学科之间的相互渗透，是保证法制观念落到实处的关键，通过不同的学科渗透，能够将法制观念贯穿于学生的整个学习过程，从而深化法制教育。增强法制观念主要注意以下几点：首先，加强法律知识在各学科之间的相互串联。通过在不同的专业学科中加入法律知识，一方面能够增加学生对法律知识的了解，深化法制观念。另一方面，能够加深自身接触到的某一领域范围内的法律知识的积累，提高懂法、守法和用法能力。其次，在职业生涯规划中，不断强调法律知识。职业生涯规划不仅是引导学生选择未来工作岗位的重要课程，还是未来择业的法律知识积累。最后，加强课堂以外的法律知识的学习。在不断加强课堂教学之后，学生的主动性和自觉性都有明显提高，学生在平时生活中也要不断加强实践和注意平时生活中的法律知识的积累和运用。对侵害自身权利的举措要坚决制止，要积极维护自身的正当权益。不断维护法律权威，不断增强自身的法律修养，不断维护国家法律，坚决抵制违法犯罪行为。

第四节　公民法律意识的培养与塑造

伴随我国经济社会不断发展，法制社会建设大步前进，法律法规不断完善，社会对公民法律意识的培养提出更高的要求。依法治国作为我国重要的治国方针，是公民法律意识提高的重要推动力，直接影响公民法律意识的培养，公民法律意识的高低直接影响法制社会的发展。本节通过对我国目前公民法律意识现状进行阐述，进而提出法治社会公民法律意识的培养途径。

法律意识是人们对法律知识所呈现的一种心理态度，是公民在长期生活于法治社会中所形成的意识形态，公民法律意识的塑造是法制社会进一步发展不可或缺的内在力量。伴随我国社会主义现代化进程的不断推进，国家越发重视对公民法律意识的培养，公民良好的法律意识也能推动我国社会主义建设的不断加快，是对我国整体法制水平的一种有效的衡量。

一、我国公民法律意识培养现状

（一）社会主义法律意识整体较弱

就目前来说，我国公民社会主义法律意识相对较弱，并且片面性较强。尽管随着我国法制社会的不断推进，很多公民的法律意识开始走向社会主义法律意识形态，但是还有大量公民对法律的认识度较低，当碰到具体的法律事件时，很多人不能做出正确的评价。法制社会的建设，可以很好地从外部对人们的各种行为进行相应的约束。但是抛开主观看客观，公民的主观意识需要与外部力量进行很好的融合，这样才能从根本上促进公民法律意识的提高，加快推进传统法律意识离开历史舞台的步伐，推进我国法治社会的健康发展。

（二）宪法认识不足，法律整体意识片面

第一，很多公民对我国宪法并不能很好地认识，只有很少的公民对宪法的内容有所了解，大部分公民只知道宪法是我国的根本大法，对其实际内容缺乏足够的了解，甚至有一部分公民并不知道宪法作为我国根本大法的地位。第二，公民对法律整体意识存在严重的偏激现象，大部分公民仅仅具备较好的刑法意识，因为其与刑法直接相关。因此，缺乏其他相关法律认识，就不能很好地保障其自身的合法权益，法律的存在就失去了它本身的作用，法治社会的建设步伐严重延缓。

（三）青少年法律意识较薄弱

我国公民中青少年占据较大比例，法律意识的养成需要从小开始。但我国青少年法律意识相对比较薄弱，这就严重影响了法制社会的构建。由统计资料可以发现，我国未成年法律数据不断增长，并且其犯罪的类型也呈多样化。青少年作为国家未来发展的主干力量，法律意识的缺乏导致其走向了社会的低端，这样不仅损害其自身的发展，而且会影响家庭和谐，最终阻碍社会稳定发展，法制社会建设步伐进一步延缓，影响我国社会主义现代化建设发展。

（四）公民对现行法律总体上持肯定态度

尽管我国公民法律意识相对较弱，但是对现行法律总体仍呈现肯定的态度。精神文明建设是我国社会主义建设的基础，国家对精神文明建设的重视度不断加大，公民法制观念也开始扎根于其思想发展中。通过分析我国目前社会主义法制建设现状可知，公民对法律的颁布及运行总体呈现肯定的态度，社会主义法律意识在公民思想上占据了主体地位，越来越多的公民开始关注各种法律，而不只是关注刑法，尽管面对具体的法律问题，公民的评价兼具理性的一面和感性的一面。但对法律的态度基本是认可的。

二、法制社会公民法律意识的培养途径

（一）继续推进我国法制建设

法制是法律关系的具体制度，是国家采用法律进行国家治理的重要形式，法治需要根据具体的法律制度执行，因此，法制建设对推动社会发展起着重要的促进作用，其不断完善能推进社会的稳定发展。法制建设的推进，需要健全完善现存的法治体系，这样才能实现依法治国的目标。首先，要进一步完善立法环节，将更多关系公民利益的法律事实进行立法。其次，要更加重视法治体系构建中的重要环节，对法治体系重点环节的进一步完善，是构建法制社会的根本。再次，要进一步提高执法人员的整体素养，法律的有效执行，需要人起到主导作用。因此，执法人员素质的高低将直接影响法律执行的效果。最后，加强法律制度的监督环节。立法执法环节需要有人员的监督，这样才能保证法律制度的健康推进。

（二）加强普法宣传与教育

公民法律意识的培养途径多种多样，而法制宣传教育是最直接有效的方法之一，通过法制宣传教育，可以让公民实时有效地了解法律的变化。首先，相关法律部门可以对法律知识进行文本式的发放，让公民自己学习，增强公民主动学习法律知识的意识。其次，相关政府部门可以在广告栏里粘贴法律文件，让公民可以随时随地阅读法律相关文件，了解法律动态。

再次，法律部门可以设置一些专门的法律咨询机构，免费为公民提供具体的法律事件的咨询，从而更好地增强公民自主学习法律的意识。最后，政府部门可以定期举办一些法律知识方面的活动，引导公民积极参加，从而对法律进行更好的宣传，提高公民的法律意识。

（三）加大执法力度，优化部门工作作风

法律执行效果直接影响公民对法律的认识。由于一些机关部门工作作风不良，导致法律执行欠公平，这就间接导致公民对法律持怀疑的态度，公民主动学习法律的意识被削弱，影响了公民法律意识的塑造。因此，国家不仅需要从基层渗透法律，也需要对上层执法部门进行严管约束，促进其执法公平公正，保证执法人员依法公正行事，这样才能从根本上对公民的权益进行有效的维护，也提高了公民学习法律知识的积极性。除此以外，还需要加强公民监督权的实施，从而促进执法人员形成良好的工作作风。

公民遵纪守法可以促进社会经济的稳定发展。随着国家对法治社会建设步伐的推进，公民法律意识的培养尤为重要。要通过多种措施，不断加强公民法律意识培养，从而保证我国法治社会建设的推进，为人们营造一个良好的生活环境。

第三章　大学生法制教育观念

第一节　大学生法治观教育的创新

大学生法治观教育的开展,有利于帮助学生更加全面地认识我国依法治国的基本方针与策略,从而树立民主、法治、公正、平等的社会主义现代化建设思想与价值观念,养成尊法、学法、守法、用法的良好意识与行为准则,推动我国法治社会建设的进一步发展,为大学生的健康成长创造良好的社会环境。本节通过对大学生法治观教育开展的必要性分析,结合大学生法治观教育的内容和原则,对大学生法治观教育实施的具体路径进行探析,为有关实践及研究的开展提供参考。

依法治国是推进中国特色社会主义社会建设的基本方针与重要策略,在全面依法治国的环境下,加强对大学生的法治观念教育,使其养成尊法、守法、护法的良好社会风气与行为习惯,有利于推进我国社会主义法治社会建设的进一步发展,具有十分积极的作用和意义。大学生作为习近平新时代中国特色社会主义社会建设的重要力量,也是推进我国依法治国重要方略建设的主力军,因此,在大学生思想政治教育中开展法治观教育,培育符合社会主义社会现代化建设与发展的合格人才,为我国依法治国基本方略的顺利实施提供可靠的人才支持与智力保障,全面推进社会主义社会法治建设目标实现,具有十分突出的积极意义。

一、大学生法治观教育开展的必要性和重要意义分析

首先，大学生法治观教育是高校思想政治教育的重要内容。对大学生开展法治观教育，有利于促进高校对大学生的思想政治教育目标的实现，从而推动高校教育的进一步发展和提升。在高校的思想政治教育中，对大学生的社会主义法治观进行培养和引导，使其成为符合中国特色社会主义社会建设所需要的高素质与全面型合格人才，为我国社会主义社会建设目标实现贡献应有的力量，一直是高校教育开展与人才培养的重要目标。因此，将法治观教育作为大学生思想政治教育的目标，以培养具有民主法治观念和自由、平等、公平、正义等社会主义现代化思想的合格公民作为教育开展的宗旨，对大学生开展法治观教育，使其树立良好的社会主义法治观念与思想认识，成为符合社会主义法治建设所需的高素质人才，具有十分重要的积极作用和意义。

其次，对大学生开展法治观教育，在帮助大学生树立社会主义核心价值观同时，也有利于促进其对社会主义核心价值观的有效践行，同时能够促进高校思想政治教育与有关意识形态工作开展的进一步强化。学校作为思想政治教育与意识形态工作开展的重要阵地，在我国社会主义社会建设与发展中，同时也肩负着对马克思主义思想与社会主义核心价值观等思想意识形态工作进行学习和研究的责任使命，在社会主义社会建设所需的高素质人才培养基础上，为中华民族伟大复兴的中国梦的实现提供重要的人才保障与智力支持。其中，法治观作为社会意识形态领域的一种重要表现形式，对社会主义法治社会建设的推进有着重要的作用和影响。因此，在高校思想政治教育中对大学生开展法治观教育，使其树立良好的社会主义法治观，也是高校思想政治教育应具备的基本属性与功能特征。对高校意识形态工作的进一步强化和推进，具有十分积极的作用和影响。

最后，大学生法治观教育的开展，有利于实现我国社会主义建设的法治目标，从而全面推进我国依法治国建设的基本方针与策略的有效实施。全面依法治国的环境下，社会公民的各项权利能得到更加严密和充分的保

障，同时在社会主义建设过程中获取更加完备与便利的社会公共服务，使其更加主动积极地参与国家的各项法治建设与社会治理活动，真正促进民主、自由、法治、公正、平等的社会主义现代化建设的重要目标与基本原则的实现。其中，社会公民在参与我国的重大立法与政治决策、司法建设等活动中，其各项权益的有效获取与全面保障，和其参与活动时的主观能动性的发挥之间存在密切联系，同时很大程度上受到社会公民的法治观念与思想意识觉醒、成熟情况影响。结合当前我国大学生的思想政治教育现状，其法治观相对薄弱，对我国全面法治建设的顺利推进存在着较大的制约影响。因此，迫切需要开展高校大学生的法治观教育，以促进其形成全面、良好的社会主义法治观，为推动我国社会主义法治社会加快建设与进步提供有力支持。

二、大学生法治观教育的主要内容分析

大学生法治观教育的主要内容包括法制规范教育与法治精神教育、法治文化教育、法治思维教育等。其中，法制规范教育主要是指就现存的法律、法规与司法制度及其基本的内容、要求等对大学生开展教育和引导。

法律制度是我国依法治国的基本依据和重要基础支持，大学生在不同的学习阶段都会接触到相应的法律法规知识，但是这些知识对于我国现有的法律法规体系与司法制度来讲，只是其中很小的一部分，对大学生全面、正确的社会主义法治观念的形成作用十分有限。同时随着大学生的知识储备与成长见识的不断增长，这些知识与大学生更高的思想价值与观念培养的实际需求不相匹配，也与我国社会主义社会建设所需的高素质、全面型人才标准存在较大的差距。因此，就需要在大学生法治观教育中，针对大学生的法律知识储备与法治观念培养的实际情况，对其开展相应的法治宣传教育，使其具有更加完备与系统的法律知识，从而在相应的学习与实践中树立并形成正确的法治观。

大学生法制规范教育的主要内容就是我国现存的法律法规条文与司法制度内容等，其中包含我国的宪法、刑法以及民法等，通过对这些法制规

范的学习，使大学生掌握基本的法律知识，并在实践中有效运用，从而形成良好的社会主义法治观。

其次，在大学生的法治观教育中，法治精神教育也十分重要。在社会主义建设与发展的不同时期，在不同的国家制度体系下，法治建设的精神也存在一定的差异。法治精神实际上就是指法律法规的思想文化精神，它作为法治建设的上层建筑部分，同时也能够在一定程度上反映一个国家的政治经济关系。法治精神本身就具有明显的时代烙印与阶级意识，因此，社会主义初级阶段与社会主义建设的全面推进等不同阶段的法治精神必然存在一定差异，并且这种差异能反映某一阶段的社会主义建设特点。随着社会主义社会建设的不断推进，法治精神也会随之呈现出相应的发展变化。当前，我国社会主义法治社会建设的精神体现为依法治国、执法为民、公平正义、服务大局以及坚持党的领导等，并且上述内容在我国社会主义法治社会的建设与推进中缺一不可，只有完全具备上述法治精神，才能推进我国特色社会主义法治社会的建设，并最终实现建设法治社会的目标。因此，在大学生法治观教育中，应对大学生的法治精神进行教育和引导，使其建立相应的规则意识，树立依法治国的先进理念，以全面推进建设我国社会主义特色社会的目标实现。

此外，法治文化教育也是大学生法治观教育的重要内容。文化是人类的精神活动品。文化在不同历史发展背景下存在一定的差别，因此其对人们的文化认同与价值观念的形成存在不同影响。法治文化是文化的重要部分。与西方国家的文化形成与发展不同，我国传统文化的形成与发展是以"人本""善"等思想文化为主，在法治文化及其信仰方面明显存在不足。而法治文化是与古代封建社会统治阶级控制下的人治文化相对立的一个概念，是以法律制度作为社会治理的基础，其中包含了法律制度结构、法律观念结构、执法、守法等内容和结构、行为等，社会主义社会建设时期的法治文化中更是包含了民主、自由、平等及人权、公平等优秀的法律文化内容，它与传统社会治理下的人治文化相比更加先进和完善，并且法治文化对法治社会建设具有十分重要的作用和影响。因此，大学生法治观教育也应重视法治文化的教育开展，不断丰富大学生法治文化知识与内涵，以促进其良好的法治观形成，为社会主义法治社会建设的快速推进提供人才支持。

最后，在大学生法治观教育中，法治思维教育对大学生法治观的形成也具有十分重要的作用和影响，是开展大学生法治观教育的重要内容之一。法治思维是人们根据法治精神以及原则、理念、判断标准等，进行问题分析与处理的一种理性思维模式，法治思维形成的特征与我国法治建设中法律至上、人权保障、权力制约、正当程序等法治原则与要求之间存在一定的联系。法治思维教育的开展，能够使大学生在思考与解决、处理问题等实践操作过程中，自觉地运用法律法规的知识和思维进行判断，从而促进其良好的法治意识与观念的形成，在社会主义法治社会的建设推进中实现有关作用的充分发挥。

值得注意的是，大学生作为刚步入成年阶段的人群，其在法律上已基本具备完全的民事能力，并且在前期学习开展中已掌握一定的法律知识或具备相应的法律文化意识、思维等，但是在更加深刻与复杂的社会问题面前，仍然会缺乏相应的法律思维与判断能力。因此，在大学生法治观教育中，应对其进行法治思维教育和培养，使其在面对问题时能够以法律思维进行思考和判断，从法律角度来看待、分析与解决问题，形成良好的法治意识和思维，在个人的思想认识与行为习惯养成中逐渐深化与融合，严格遵循法律制度的约束与规范，全面推进我国的依法治国建设，成为社会主义社会现代法治建设所需的高素质人才，从而推动我国社会主义社会建设的不断发展和进步。

三、大学生法治观教育实施路径

首先，应不断完善高校的思想政治教育，以推进大学生法治观教育。大学生法治观教育作为思想政治教育的重要内容，通过对高校思想政治教育的不断推进，能有效促进大学生法治观教育的开展。其中，在不断完善与提升高校的思想政治教育水平中，需要通过有关教育的开展，对大学生的思想观念和道德意识进行正确引导和教育培养，使大学生在日常生活与学习实践中能毫不犹豫地坚持马列主义思想观念，摒弃资产阶级的观念意识，从而坚决拥护我国的社会主义建设与发展道路思想以及中国共产党领导、人民民主专政等国家治理政治制度，反对资产阶级的自由化思想与意识等，帮助大学生树立正确的社会主义法律意识和科学民主的法治观念，推进大学生法治观教育的不断发展和提升。针对高校思想政治教育工作开展中存在的问题进行不断改进与强化完善，通过对高校政治教育的最新理论研究与实践成果借鉴，促进其教学方法与教育体系的不断创新完善，从而为大学生法治观教育的开展提供良好支持。

其次，加大对法治观教育教师队伍的建设，不断提升教师队伍的综合素质与能力。在大学生法治观教育实践开展中，教师应充分利用自身的知识与技能对大学生开展全面、有效的法治观教育，使其形成更加全面的社会主义法治观，树立民主、法治、公正、平等的社会主义现代化建设思想与价值观念，养成知法、守法、护法的良好行为意识和习惯，从而推动我国社会主义法治社会建设的进一步发展。

教师队伍的素质与能力对大学生法治观教育的开展及良好成果的获取有着重要的决定性影响，加强大学生法治观教育的教师队伍建设，一方面需要一批具有较高的法律知识修养与教学能力的教师，使其能通过自身的法律素养与教学能力，对大学生开展较好的法治观教育，同时通过自身的言行举止对学生形成潜移默化的影响，使学生在日常学习与生活中树立良好的法治精神与观念意识，以促进学生法治观教育的有效开展和提升。另一方面，应不断加大对当前从事大学生法治观教育的教师队伍开展培训与锻炼的力度，使其在精通法律学等专业知识的同时，能有效掌握教育教学的相关规律，对大学生的心理特点与思想意识状态进行准确把握，通过创造性教育促进大学生法治观教育形式的不断创新，积极解决好大学生法治观教育中存在的问题，以取得良好的教育成果。

此外，大学生法治观教育的开展还需有良好的校园文化环境和氛围，为法治教育的开展提供良好的环境支持。大学生法治观教育的良好的校园文化与环境创造，需要高校教师在校园文化建设中充分发挥以身作则的榜样示范与带动作用，在日常教育与教学活动中，通过自身的良好品德与学术修养，从各个方面为学生法治观的形成起到相应的榜样引领作用；同时，注意通过爱国、守礼、尊法、守法等教育主题活动的广泛开展，营造良好的法治校园文化环境与氛围，为学生的学习和生活创造良好的环境氛围，引导大学生树立正确的法治观念和意识。

综上所述，在大学生法治观教育开展中，需要充分认识法治教育开展的重要性，在大学生的法治教育中，法治精神与法治文化、法治思维、法治规范等教育内容的有效开展中，不断提升法治观教育教师队伍的综合素质与能力，通过营造良好的法治校园文化环境与氛围，实现大学生思想政治教育的不断完善与提升，促进大学生法治观教育发展，从而实现其法治观教育的目标，为社会主义法治社会的全面建设与推进提供相应的人才与智力支持。

第二节 大学生法治教育的重要性及培养方法

建立社会主义法治国家，构建社会主义和谐社会，理念必须先行。而在大学生中开展社会主义法治理念教育，就显得更加重要和紧迫。抓好高校法治校园建设，高校法学课程设置及教学，引导大学生参与社会法治实践活动等是培养大学生社会主义法治理念的重要途径。

一、社会主义法治理念概念及基本内容

何谓法治？亚里士多德认为："已经成立的法律获得普遍的服从，而大家服从的法律又应该本身是制定得良好的法律。"可以理解为，法治是具有立法主体资格的主体制定和颁布的良好的法律，并得到社会组织和公众的普遍服从，使法治意图得以实现。

要实现法治，理念必须先行。中国要实现法治国家，应该先在公民特别是在大学生中树立社会主义法治理念。何谓社会主义法治理念？笔者认为，社会主义法治理念是社会主义国家公民对社会主义法治的理性的认识，是对社会主义良好法律秩序形态的精神追求，是一种自觉遵守法律的意识和观念。社会主义法治理念的主要要素包括法的合理性意识、合法性意识和积极的主体意识。

社会主义法治理念包含了"依法治国、执法为民、公平正义、服务大局、党的领导"五方面主要内容。依法治国，是社会主义法治理念的核心内容，是我们党领导人民治理国家的基本方略。执法为民，是社会主义法治的本质要求，是社会主义理念的本质特征。公平正义，是人类社会的共同追求，是社会主义法治的价值体现，也是构建社会主义和谐社会的重要任务。服务大局，是社会主义法治的重要使命，是各条战线充分发挥职能作用和政治路线得以执行的必然要求。党的领导与社会主义法治在根本上是一致的，党的领导是建设社会主义法治国家的根本保证。

二、大学生社会主义法治理念教育的重要性、紧迫性

大学生法治理念教育是推进我国政治法治化进程，是构建社会主义和谐社会、确保国家长治久安的需要。大学生作为国家的未来，社会主义法治国家的建设者和接班人，既要有相关的专业知识，更要有较强的社会主义法治理念。大学生的法律素养的高低，法治理念的强弱，直接影响着国家依法治国方略的实施。因此，大学生的法治理念教育已成了高校教育一项最紧迫的不能回避的重要任务。

法治是现代社会进步和文明的标志，也是现代社会普遍的组织形式和治国方略，既是统治阶级意志的集中体现，又是国家公共权威的象征，直接体现着政治文明。随着我国社会主义市场经济的深入发展，我国的经济充满生机活力，社会物质财富日益丰富，社会公共空间逐步扩大，中国特色社会主义的法律体系正在逐步形成，法治建设得到了前所未有的发展。国家通过"一五"到"五五"普法规划实施。二十多年的普法依法治理工作，

使全民法律素质得到了逐步提高，但是从经济发展、人民的客观需求出发，法治还有一些亟待解决的问题：法律法规需要进一步健全，法律运作机制需要进一步完备，法制的统一性、稳定性、连续性、预见性等有待加强，执法不公、地区间的法治发展不平衡等问题需要解决。特别是执法干部的法治理念普遍不强，严重阻碍了国家政治法治化的进程。因此，在全球经济一体化趋势下，加速政治法治化的进程，加强与世界各国政治、经济、文化交流，需要培养一大批既懂经济又懂法律的人才。从加强政治法治进程的角度讲，大学生社会主义法治理念的教育，已成为加强我国社会主义政治法治化进程，建设社会主义法治国家，培养法治人才后继队伍的一个十分急迫的问题。

三、大学生社会主义法治理念培养途径

针对当前高校大学生法律意识不强、法律素质普遍不高、高校法学教育薄弱的现状，国家应采取措施，多渠道、多途径在高校中扎实开展大学生社会主义法治理念教育。笔者认为，抓好大学生社会主义法治理念的教育和培养，主要有三方面的渠道和途径。

第一，要抓好依法治校。依法治校是依法治国方略在高校的具体生动实践。加强高校法治化建设能给大学生的学习生活创造一个良好的法治环境。增强大学生法治意识，增强法治观念，对树立法治理念十分重要。以美国为例，"从某种角度而言，美国高等教育法治化对美国高等教育所起的作用，已远不只是一种法律的规范和约束，而更是一种历史的发展和引导"。这不能不说是一种法治理念对高校发展的影响作用。我们国家从"四五"普法规划到"五五"普法规划，都明确要求法律进校园，建设法治学校，实行依法治校。要求高校依法特别是依我国教育法和高等教育法等法律，完善高校各类规章制度，使学校方方面面的工作实行依法管理。处理好师生关系，有效地维护师生的合法权益，使校内的违法行为得到遏制和处理，使师生的权利得到保护，使民主法律制度得到弘扬。在大学生思想中逐步树立法律权威，使法律权威得到尊重，法律效力得到体现。通

过"依法治校""以法育人"理念潜移默化的影响，促进大学生法治观念的形成和提高。要严肃法律和校纪，对校内违法违纪行为的处理做到"有法可依""有章可循""依法办事"，促进大学生守法观念的形成。同时要调整好教育导向，培养出一批优良的法学教师。使每个教师明白，为适应社会主义法治进程的需要，教师不但是专业知识技能的传授者，而且是学生法治人格的塑造者，有责任引导学生理性看待法律制度、社会治理和一切与此相关的社会现象。学校与有关政法部门、行政执法部门相互配合，加强校内外治安环境的整治，为大学生树立良好的法治理念，创造良好的法治环境，促进大学生良好法治理念的形成。法治高校的建设，不是一蹴而就，而是一个相当长的过程。美国高校的法治化也经历了几百年时间。在高校大学生中进行社会主义法治理念教育必须长期坚持。

第二，抓好法学教学内容的设置和教学。没有一定量的法律知识，法治理念教育将是无本之木。要特别重视大学生法学基础学科教学，即法理学、宪法学、民法学、刑法学、诉讼法学等基础学科教学。这几门法学课程是学习一切法律课的基础，这些课程的基础理论几乎贯穿于整个法律体系，其精神和概念在其他法律中都会不断出现和反复运用。如《中华人民共和国宪法》，它是制定一切法律的依据，宪法的基本精神都体现在一个国家的整个法律体系中。许多法律设定的侵权法律责任也都离不开刑法、民法法则。

第三，积极引导大学生参与社会法治实践。法律是一门实践性很强的学科，没有经过一定量的实践，法律课是很难学好的。法治理念的形成也仍然离不开法治实践。实践是促进大学生法律意识、法治观念、法治理念形成的最佳有效途径。法学理论来自法治实践及提炼，法学理论又必须服从于并服务于法治实践。理论与实际相结合，才能使大学生的法治理念得以形成和巩固。所以，笔者主张，引导学生进行社会主义法治实践应遵循以下几个步骤：

一是课堂讲授要为学生社会实践作准备，只讲重点、难点，启发学生结合我国法治实际进行思考，讲案例要从中抽象出法律规则，引导学生对案例做出结论。选择有理论和实践意义的法律问题进行讨论，让学生各抒己见，尊重学生发言的积极性，最后教师进行结论性归结。提高学生分析和解决法律问题的能力。

二是组织学生参观和观摩。学校有意识地组织大学生参观少年犯管教所和监狱，并在参观中引导学生了解管教学员和服刑罪犯违法犯罪的社会环境、家庭状况、违法犯罪的原因以及其在管教和服刑期间的表现情况，或组织管教学员及服刑罪犯进行现身说法，让学生对照所学知识进行思考归纳、总结，写出观后感或法律问题思考类文章，通过对违法犯罪的剖析强化学生的法律意识，使他们产生社会责任感和正义感。组织学生观摩法庭审理、经济仲裁、劳动仲裁等活动，感受法律的尊严，树立法律权威意识，了解我国的审判制度、经济及劳动仲裁制度，了解法律在规范公民行为和管理社会中的约束作用，从而增强学生的自觉守法意识。

三、在课余和假期组织学生走出校门、走出课堂，参加社会的普法实践活动，到街道、农村宣传法律，开展法律咨询活动，用自己所学法律知识解答群众的疑问。对社会敏感的法律问题，如土地、婚姻、消费者权益保护、社会治安、农村基层法治建设等问题进行社会调研，了解国家法律的执行情况。走进机关单位，走进企业，走进农村，切身感受法治政府、法治行政、公正司法、依法治企业、农村民主法治建设等法治进程，激发他们参与社会法治工作的责任心，从而牢固树立起社会主义法治理念。

法治是社会和谐平安的基石，是调整社会各种利益关系，维护社会公平正义和社会长治久安的重要保证。因此，在大学生中开展社会主义法治理念教育，是建设社会主义法治国家，实现社会主义和谐社会的必然要求，是确保高等教育的社会主义方向和为国家培养造就高素质法治管理队伍的客观需要。在大学生中开展社会主义法治理念教育具有重要性和紧迫性，已势在必行。

第三节　大学生道德教育与法治教育一体化

推进道德教育与法治教育一体化建设，对于新形势下提升高校思想政治教育的有效性具有十分重要的意义。应针对推进过程中存在的问题，进一步完善高校教学与管理工作建设，营造良好的校园与社会环境，促进大学生自身道德素养与法律素养的提高。

党的十八届四中全会首次明确提出把法治教育纳入国民教育体系，十九大报告中强调，要坚持中国特色社会主义法治道路，坚持以马克思主义法学思想和中国特色社会主义法治理论为指导，立德树人，德法兼修，培养大批高素质法治人才。道德教育和法治教育作为大学生思想政治教育的重要组成部分，二者的一体化建设是大学生思想政治教育的必然要求，是高校培育有理想、有本领、有担当的新时代大学生的必然要求，是依法治国和以德治国在高校实践中的必然要求。

当前正处于转型时期的中国社会，在不断创造现代文明的同时，也凸显出许多现代性的社会问题，在现有的研究中，大多割裂了道德教育与法治教育的关系，过于强调二者的单独价值对于社会治理的贡献，然而在社会互动中，只有系统性、全局性地发挥二者的作用，兼容并蓄，才能更好发挥二者的功能。我国道德教育与法治教育的缺失对大学生成长、对社会发展的危害尤为严重，我国一向注重对大学生道德观念与法律素养的整合与培养，然而近期也出现了"大学生借'校园贷'后玩消失""社科院法科毕业生霸座"等不容忽视的社会问题，这与传统的"重德轻法"和"重智轻德"教育观念不无关系，所以，加强大学生道德教育与法治教育一体化建设就显得十分必要了。

一、大学生道德教育与法治教育一体化的必要性

（一）社会主义核心价值观转化为人们的情感认同与行为习惯的必然要求

一种价值观要真正发挥作用，必须融入实际、融入生活，让人们在实践中感知它、领悟它、接受它，达到潜移默化、润物无声的效果。而道德教育属于价值观教育范畴，需符合社会主义核心价值观的内涵与外延。且"道德教育则不仅要处理公共价值观，而且还要处理私人美德和品格特质"。道德教育的目标不仅要使大学生能够面对日常生活中的挑战，更要使其接受这些挑战从而合乎道德的行动。而大学生如果想成为成熟的、理性的、忠诚的、具有批判精神的道德主体，就必须通过思想道德修养课等方式去学习有关个人的道德价值观等理论知识，从而为判断法律和政治决策提供合理的伦理基础。因此，道德教育与法治教育一体化的根本在于规范人们道德行为的力量源自道德主体自发的情感认同，即在实践道德教育环节，将法治观念的理论认同升华为情感认同，进而进一步转化为实践认同，从而内化于心、外化于行，把社会主义核心价值观自觉转化为自身的情感认同与行为习惯。

（二）高校培育有理想、有担当的大学生的必然要求

马克思在关于"人的全面发展"的理论中指出，劳动能力的提高、社会关系的丰富和素质的全面提升及个性的自由发展，是人不可或缺的三个发展方面。实现大学生的全面综合发展，培养其健全人格是高校教育的目标，但是我国目前的高等教育普遍为单一灌输式教学，忽视对大学生综合素质的培养，这样的教育方式既不利于大学生发展，也与世界教育发展的趋势背道而驰。社会的发展需要具有综合素质的复合型人才，这就要求大学生不仅要有扎实的专业基础，还要具有较高的法律素养、优秀的道德品质、良好的心理素质等。高校应注重大学生在校期间的道德素养、法治素养培养，让大学生的综合素质在大学这一重要阶段得到提高，从而符合社会对于人才的要求。世界各国的竞争终究是人才的竞争，拥有丰富知识与

修养的青年人是国之栋梁，是实现中华民族伟大复兴的中国梦的重要力量，社会的发展不仅需要的人才"术业有专攻"，更需要综合素质极强的综合型人才。

（三）建设社会主义法治国家的必然要求

十九大报告中强调："人民有信仰，国家有力量，民族有希望。要提高人民思想觉悟、道德水准、文明素养，提高全社会文明程度。"这表明了我国对公民思想道德建设的期望。党和国家对公民道德教育与法治教育给予高度重视和关注，二者在我国建设社会主义现代化强国中发挥着不可替代的作用。要建设社会主义法治国家，就要从法律制度上规范公民行为，从道德教育中提高人民的思想品质，坚持道德与法治双管齐下，二者优势互补、互相融合、共同发力，为实现德治与法治的社会主义建设提供行动指南。近年来我国在社会主义法治建设的过程中，忽视了道德方面的建设，导致一些触犯道德底线的事件频频发生，例如屡禁不止的"座霸事件"。大学生作为中华民族优良素质的代表，是社会主义法治建设的中流砥柱。大学生要积极提高法治素养，在学习、生活中按照宪法和法律办事，认真贯彻党的路线、方针、政策，积极促进社会主义民主政治，维护宪法与法律的尊严。大学生道德教育与法治教育作为社会主义法治建设中的一个重要环节，对法治国家的建设和实施"依法治国"方略有重要的作用。

二、大学生道德教育与法治教育一体化的现状

（一）大学生道德教育与法治教育一体化的机遇与挑战

首先，大学生道德教育与法治教育迎来新的发展机遇。道德教育与法治教育是高校思想政治教育的重要内容，中共中央、国务院2017年2月印发的《关于加强和改进新形势下高校思想政治工作的意见》中指出，"我们党历来高度重视高校思想政治工作，探索形成了一系列基本方针原则和工作遵循"，要把思想政治工作贯穿于教育教学的全过程需抓住发展时机。新时期国家对加强和改进高校思想政治工作提出新的基本原则：坚持党的领导；坚持社会主义办学方向；坚持全员全过程全方位育人；坚持遵循教

育规律、思想政治工作规律、学生成长规律；坚持改革创新。国家高度重视道德教育和法治教育，并为加强和改进高校思想政治工作创造了有利条件。

其次，作为高校思想政治教育工作的重要组成部分，道德、法治教育的质量将直接影响思想政治教育的效果。大学生道德教育与法治教育在迎来发展新机遇的同时也面临着一系列的挑战。随着新媒体的迅速发展，大学生获取文化知识的途径扩宽，能够接触到大量主流价值观之外的信息，特别是西方拜金主义等极端不良思潮极易让大学生产生错误的思想与歪曲的价值观，直接影响高校思想政治教育质量。而且作为一个具有独立人格的人，大学生对于道德与法治有自己的见解与思考，不再单方面接受主流价值观的输入，道德与法律的影响被复杂多变、诱惑性强的非主流价值观削弱。运用何种方法加强大学生对于道德教育与法治教育的学习，培养大学生拥有正确的价值取向，运用道德与法律约束自己的行为，做到对内无愧于心，对外做有担当有理想的青年，道德教育与法治教育一体化建设的工作还有很长的路要走。

（二）大学生法治教育与道德教育一体化的问题

首先，部分大学对道德与法治教育不够重视，学校自身素质有待提高。随着西方的各种道德思想和观念涌入我国，大学生的道德价值认同、道德价值取向趋向多元化，功利主义、实用主义的倾向严重，部分大学生更是以自我为中心，毫无规则意识，甚至为了自己的利益损害他人或集体的利益，长此以往，必将对其健康成长与社会造成不利的影响。部分大学生在面对身边问题或是社会新闻时，大多会求助于道德与传统观念或人性的美好层面，用主观臆想判定是非，而非求助于法律层面的分析与帮助。道德教育是通过人的自律来发挥作用，但这种自律缺乏强制性，所以单纯依靠自律很难实现对大学生思想的有效规范。只有结合法治教育，借助国家强制力保障的实施，才能发挥出道德教育的功能。而法治教育也只有以道德教育为基础才能有效发挥其作用，只有道德教育结合法治教育，才能全方位提高大学生的自身素养。

其次，大学生道德教育与法治教育的认知和实践脱节。大学生道德教育与法治教育达到预期目标需要理论知识的教授与实践结合，然而目前在"思想道德修养与法律基础"课程教学中，部分高校只注重理论知识的讲授而忽略实践。在教育过程中，老师与学生、学生与第二课堂的交流难以开展，导致理论知识与实践脱节，大学生解决实际问题时不能有意识地运用学习到的知识。忽视社会主义道德教育与法治教育一体化的现实意义，势必影响思想政治教育的有效性。

三、大学生道德教育与法治教育一体化的路径

道德教育与法治教育是大学生思想政治教育的重要内容，二者相辅相成，只有探索有效路径，促进二者的有机结合，才能实现高等教育培育有理想、有本领、有担当的大学生的目标。

（一）完善高校教学与管理工作

首先，要树立大学生道德教育与法治教育并重的观念。当今世界正处于大发展、大变革、大调整时期，对于大学生的需求也变得越来越多元化，大学教学需向培育全面发展的大学生这一方向前行，才能沿着社会历史的发展方向，达成教育的目标。大学生道德教育与法治教育的一体化建设，是时代进步的需要，是人全面发展的需求，是社会历史进步对教育提出的客观要求。道德教育与法治教育的一体化建设，不是单纯的一加一等于二，而是要站在一定的高度，全方位地融合，使二者发展为一个有机的整体，从而达到大学生全面发展，形成深远的社会影响力的目的。

其次，优化教育手段，注重实践。高校的教学日常是大学生道德教育与法治教育融合过程中的重要环节，大学生不仅接受理论知识的学习而且可以和老师双向互动，进行相关话题的探讨。教师须以道德教育与法治教育一体化为出发点，对所要教授的知识进行充分的思考与探讨，充分利用微信、微博等工具，将知识进行生动直观的展示。通过观看教育影像或要求学生亲自拍摄微视频，让大学生发现身边的违反道德与法律的行为，这些行为对社会造成的负面影响以及法律对违反道德与法律的惩罚方式。开

设问题讨论课之类的专题课程，引导大学生积极讨论社会问题，从各个方面理性分析，对违反道德和法律的事件进行深刻思考，在亲身实践与思考中强化道德与法治的认识，将自身所学知识真正运用到实践中，作为自己安身立命的准则。

（二）营造良好的校园与社会环境

校园文化对大学生思想政治教育的作用在于它润物于无形，是潜移默化的影响。校园文化既是大学生思想政治教育的有效载体，也是大学生接受道德教育与法治教育建设的必经之路。

1. 打造良好的校园文化物质载体

借助大学特有的物质载体与学术精神，良好的校园文化无时无刻不在影响着身处其中的大学生，并对大学生今后的行为习惯等产生重要的影响。校园建设在关注基础设施建设等外在形态的同时也要注重表现其文化历史内涵。比如在建设校园时，选取具有特殊意义的雕塑放置于校园中，既彰显个性又使大学生自觉了解、体会其中的文化内涵，当大学生离开校园走入社会时，校园承载的已不仅仅是大学时光的回忆，更是这些物质载体背后所蕴含的精神、风气，大学生的一言一行都会受到影响。

2. 打造良好的校园文化精神载体

大学校园里的雕塑建筑是校园文化的物质载体，各类社团活动则是校园文化的精神载体。当前我国高校，有相当一部分远离市区办学，使得大学生活相对封闭，校园内的各类学术活动、社会实践、社团娱乐活动成为线下面对面交流的主要方式。大学生道德教育、法治教育的内容可与各种社团活动相融合，以提高思想政治教育的活力。如举办高校法治文化节，既提升了大学生的法治素养，又帮助高校优化了管理。总之，通过多种多样的社团活动，身处其中的大学生之情操得以陶冶、人格得以构筑、素质得以提高，这是精神载体的重要作用。

其次，树立良好的社会道德风气。我国经济处在高速运转时期，经济的发展在带来巨大物质财富的同时需重视道德伦理问题。中国特色社会主义已经进入新时代，社会主要矛盾已经转化为人民日益增长的美好生活需要和不平衡不充分的发展之间的矛盾，要想处理好这个矛盾，其中重要的环节就是加强道德建设与法律建设，广泛开展理想信念教育，推进全面依法治国与中国梦的宣传教育，深化中国特色社会主义和中国梦宣传教育，引导人们树立正确的社会主义核心价值观，引导公民正确认识并处理价值导向多元化问题，个人与集体利益关系问题等，增强大学生对我国思想道德建设的信心。

（三）促进大学生自身道德素养与法律素养的提高

首先，大学生须从思想上重视道德教育与法治教育相结合的问题。高校法治教育与道德教育的主体对象是大学生，外因是事物发展变化的重要条件，而内因是事物发展变化的根本原因，即大学生自身道德意识的提高是进一步促进大学生道德教育与法治教育最重要的途径，因此大学生要从思想上重视二者结合的重要性，端正学习的心态与动机。大学生要把眼光放长远，要认识到虽然道德与法律的学习不能在短时间内见效，但对自身的成长是具有深远意义的。大学生应充分理解二者的关系与结合的必要性，只有在思想上将二者结合起来，才能真正在生活中付诸行动，更好地将理论联系实际，实现大学生道德教育与法治教育的目标。

其次，大学生要自觉将道德与法治深入实践环节。实践是检验真理的唯一标准。大学生在接受道德与法治的教育后要自觉应用所学知识。大学生可以通过各种活动来展开实践应用，如开展志愿者社区服务活动、在公共场合注意自身言论行为等。可以建立一个志愿者服务网络，将学校周边社区或敬老院纳入其中，开展助老、助残、法治宣传等与道德教育与法治教育相关的志愿活动，可以通过微电影、实践报告等形式将活动过程展现出来，进行总结宣传。通过自身的实践，在帮助他人的同时，自身的道德修养与法律素质也会得到快速提升。

大学生是我国经济社会发展的中坚力量，大学生的道德修养与法律素养直接关系到整个国家的形象，关系到国家的未来，必须高度重视二者的一体化建设，使大学生在实现中华民族伟大复兴的中国梦的舞台上书写人生华章。

第四节 法治视域下大学生创业教育创新

在全面深入推进依法治国的时代背景下，法治成为大学生创业教育的内在要求。大学生创业教育要以法治作为重要的价值指针，保证教育全过程的合法性，培育学生的法治素养，更好地服务于未来创业可能面对的法律场景。但当前大学生创业权益缺乏制度性保障，政府在教育内容与教育目标上对法治的重视力度依然不够。对此，政府应推动创业政策向具体保障制度转变，在教育内容、活动形式以及考核体系上增补法治的维度。

一、法治视域下大学生创业教育的时代要求

党的十八届四中全会将依法治国基本方略的精神、理念以及举措进行了深化、细化与具体化，法治的文化、意识与行为更好地为社会大众所了解、熟知、接受和内化，已然发展成为时代主线。在这样的时空场域中，法治不仅成为大学生创业教育的现实背景，而且成为创业教育的发展要求与实践任务。

（一）首要前提：确保创业教育全过程的法治性

法治在高校创业教育中最直接、最鲜明的体现，就是在整个教育过程中合法性的遵循与彰显。从教育理念的定位到教育机制的设计，从规章制度的建设到学生创业权益的保护措施，都应该将法治的精神与要求贯穿其中。整体上，高校创业教育法治性主要体现在以下几个方面：

其一，推动顶层政策向学校的规章制度转化。近年来国家层面的大学生自主创业支持政策相继出台，为大学生自主创业提供了良好的社会环境。将顶层设计转化为可执行性与可操作性强的学校规章，实现大学生创业红利的制度化与规范化，成为提升创业教育法治性的重要前提。

其二，深化大学生创业权益的保护与救济措施。创业权益的实现程度

是大学生创业教育法治化的重要评价标准。秉持法治理念，尊重大学生创业权益，力促教育机制与举措的规范化与合法化，是高校对法治价值观念最生动形象的落实。要清楚界定大学生创业指导、创业休学、创业补贴、创业学分换算、创业税费减免等权益的实现条件与法律边界，为他们提供切实有效的合法力量支持；针对大学生创业权益可能被漠视、可能受侵害的现象，探索创业权益救济的保障机制与程序，确保创业权益从"文件规定"向"全面实现"转变。

（二）关键环节：推动创业大学生法治观念的生成与培育

创业教育直接指向大学生未来的市场行为。市场经济本质上是法治经济，现代社会的任何创业行为，都是一种法律行为，必须依照法律程序，得到法律的认可。从市场主体的确认到交易行为的完成，从竞争规则的制定或遵守到市场纠纷的规避或解决，都离不开法律杠杆的指引与规约。在依法治国的今天，法治已经构成市场进入、交易、竞争、仲裁的最重要内在规定。大学生创业也必然要求其自觉遵循市场规则，以不欺诈、正当竞争的守法态度与合法行为对待生产经营活动，以诚信合法的作为对待合作者与消费者。唯有如此，才能实现新创企业的稳定可持续发展和社会主义市场经济秩序的高效有序。因此，在创业教育阶段，为大学生植入法治观念，教授大学生企业运营的法律知识，塑造他们创业过程中的法律信仰与法治能力，在依法治国的时代场域中更具关键性与迫切性。

（三）重要要求：创业教育要关注未来可能涉及的法律场景

企业新创初期，涉及注册融资、签订合同、招聘录用、员工福利、创业伙伴之间的权利义务等内容。在企业运营过程中，则必须思考公司业务的法律责任边界、与员工的劳动关系、商业纠纷的规避与回应等问题，这些问题表面上是经济活动，但究其实质都是法律实务的内容。大学生法治素养的高低不仅决定着他们能否在法律框架下合法规范地进行商业活动，而且有助于大学生防控商业活动中可能的法律风险，避免陷入法律纠纷甚至造成违法犯罪。换言之，无论是为确保商业活动的合法经营，还是预防企业经营过程中可能的法律风险，理性应对市场活动中的法律纠纷，都必然要以守法意识与用法能力为前提和支撑。为此，在依法治国的时空场域中，创业教育应当在教育目标与知识板块上为法治教育腾挪专门的位置，为大学生未来的创业场景进行法律知识储备和法治意识培育。

二、法治视域下高校创业教育课程的问题审视

创业教育与法治具有密切的关联逻辑，在全面依法治国成为时代主线的今天，两者的交融性更加凸显。创业教育主动融入依法治国的时代背景之中，将法治精神作为重要的方法论指导，成为高校创业教育创新发展的重要思考角度。但是客观说来，大学生创业教育无论是教育目标的设计还是教育过程的实践，法治色彩并不浓厚，创业教育过程中法治观念的缺位以及法律体系建设错位等问题依然存在。

（一）教育过程：大学生创业权益缺乏制度性保障

从政策层面看，各级各部门关于大学生创业的优惠政策不断出台，使创业的大学生在开业、场所、融资、税收、创业指导、创业休学等方面具有得天独厚的优势；但从实践层面看，大学生创业权益的实现并不充分。一方面，高校积极鼓励大学生投身创业浪潮，但另一方面将创业权益具体化、针对性、操作性的力度还不够，不仅侵害了大学生的创业权利，与时代发展要求相背离，而且阻滞了创业教育的深化与延伸。

大学生创业权益的制度保障至少包括两大层面。一是国家层面关于大学生创业权益的整体规定，但国家层面的顶层设计还需要本地区、各高校结合实际制定行之有效的具体政策制度。从当前来看，大学生创业权益具体化制度的出台以及落实的进程缓慢。就以大学生创业休学这一权益来说，国家与地方、高校脱节的现象尤为明显，创业休学的权益实现在实践中阻力重重。二是在体制机制层面，大部分高校没有就大学生创业休学的申请、审核、年限、复学机制等进行细致深入的规定，导致出现了"创业退学"的窘境；在思想意识层面，部分教育管理人员简单地否定大学生休学创业

的权利，认为大学生创业休学是不务正业的表现，粗暴地将创业与退学画等号。

（二）创业观念培育：创业法治教育未能得到重视

如前所述，社会主义市场经济就是法治经济。脱离了法律的规约与指引，市场就会出现混乱与衰退。创业教育作为大学生投身市场经济的实践源头，有针对性地培植其法治基因，是大学生创业教育的内在尺度。但当前的创业教育更多鼓励推崇大学生走上自主创业道路，更多将时间精力聚焦于大学生的创业意识、观念以及技巧，而对于如何在创业过程中秉持规则意识与法律观念却鲜有观照。

从校园创业教育文化活动内容看，存在重创业知识技巧，轻创业法治精神的倾向。学校主要依托创业计划竞赛、创新创业训练营、企业见习观摩等手段，其中更多的是为大学生解决创业意识、创业认知以及创业技巧等问题，对法治的关注程度和风险预测能力远远不够。从创业教育评价体系看，目前的创新创业教育示范高校评选、创新创业教育实效考评等活动，主要以学校创业教育场地、新创企业数量与质量、创新创业教育课程性质等为考核指标，忽略了法治精神的参与。创业教育校园文化活动是潜移默化培育大学生创业意识与行为的方式及手段，而考评体系则是引导学校创业教育方向与内容的风向标，两者都相对缺失法治元素，很难唤醒学校以及大学生对法治的重视，形成法治思维。

（三）教育内容：创业教育课程体系缺乏法治模块

课程教学是大学生创业教育最系统、最重要的依靠手段。但是，当前大学生创业教育课程在内容设计上存在短期性、实用性、功利性等弱点，操作性课程多而伦理价值性课程少。笔者在对广州大学城10所高校的创业教育课程的实地调研中发现，创业教育课程更多地聚焦企业运营发展过程中所涉及的知识，开设了诸如"创业管理""人力资源管理""市场营销""财税计算"等课程，却没有高校就如何规避创业活动中的法律风险而设置专门性课程。创业教育内容具有实用性，对于大学生创业初期企业的注册、管理、运营能够产生直接、明显的效用，但是从长期的企业发展角度而言，仅具备这些知识还远远不够。如何在创业教育课程体系中增补法治模块，将法治的理念、知识以及方法融入教育过程中从而转变为大学生内在的知识体系与态度能力体系是亟需破解的现实难题。

三、法治视域下大学生创业教育的创新发展

大学生创业教育必须以法治为价值指针与实践要求，在教育理念、内容、方式以及机制等方面进行调整完善，既要关注大学生的创业认知与技巧，又应当有意识、有组织地培养大学生的知法守法观念与用法能力。大学生创业教育与法治教育的互融共生应该从制度建设、课程内容调整、优化校园文化活动等方面着手。

（一）探索精细化与常态化的创业保障制度

党和国家为支持大学生创业设计了整体的法律框架，从宏观上为大学生创业教育提供了方向指引与实践思路。对此，高校应将"高而远"的政策扶持转化为"强有力"的具体制度，真正助力学生的创业活动。

其一，加速顶层制度政策向现实管理规定转化，为大学生创业权益提供法理支持。针对创业与学业可能存在的冲突情形，高校应当正视管理制度的滞后性，完善与补充创业支持制度、配套支持政策，主动将顶层创业支持的法律体系细化分解为创业休学、创业补贴、创业换算学分等制度供给，拓宽创业法律支持的效用空间。如此，不仅为大学生创业提供强有力的合法性依据，而且创造了实质性的制度激励，从而解决他们的后顾之忧。

其二，明确大学生创业的权利与义务。高校既要鼓励大学生加速科技创新成果转化为社会经济效益，又要防止以自主创业为名义的"不务学业"的现象。一方面，高校要参照党和国家创业支持相关规定，将创业指导、企业融资、孵化场所、创业补贴等方面的便利以条文形式规定下来，完善大学生创业权益的保障体系。另一方面，还要设计为大学生创业换算学分等权益的认定标准，明确大学生创业的权利内容以及应当承担的职责义务。

（二）完善创业教育课程的内容结构

大学生创业既是一个寻找与发现商机，整合经济要素，将科技创新成果转化为经济效益的过程，也是依照法律程序，开展社会交易的过程。领导管理、财税分析、市场营销、人力挖掘等综合能力是大学生创业能力的内在构成，但是创业法治能力也应当是同样重要的创业能力。创业过程的注册、融资、借贷、股份合作等内容，涉及民法、经济法、行政法等法律内容，如果对基本的法律规定不了解、不熟悉、不掌握，就很难确保大学生创业行为在法定轨道上有序推进。

首先，应引入法学力量，充实创业教师队伍。目前的创业教师队伍以商学背景为主，但是"创业法治教育需要的师资力量是具备一定法律基础知识的专业人士"，现有的创业教育师资力量难以深入开展法治教育，关于创业法律问题的讲解也大多是"蜻蜓点水"。从法学专业的院系吸收商法方面的教师力量，能优化创业教师队伍结构，实现法治在创业教育过程的深度融入。

其次，可以就企业设立、融资、税收、管理等企业运营环节所涉及的法律问题开设专题课程，系统讲解应掌握的法律技巧以及应规避的法律风险，丰富大学生未来创业的法律知识储备。通过专题式讲解创业流程中涉及的法律知识、法律技巧，有意识地培育提高大学生的法治素养，能够更好地提升大学生的法律自觉与法治能力。

（三）优化大学生创业教育活动体系

法治视域下大学生创业教育的创新发展应该发挥好创业教育活动的动力作用，可通过调整优化创业教育活动的内容与形式，改进教育活动机制，激活大学生进行法治学习的热情。

一方面，增补创业教育活动的法治元素。长期以来，学校通过成立学生创业俱乐部、组织创业计划竞赛、举行创业教育专题讲座等活动培育大学生的创业意识与创业技能。对此，学校可以利用这些已有的活动品牌，增补必要的法治主题以及内容，实现创业知识技巧与守法意识以及用法能力之间的互融共通。

另一方面，创业法治教育要搭建大学生积极体验与自我建构的活动平台。建构主义认为，学习的最本质过程是学习者的自我教育与主动建构。为此，要培育大学生创业的法治观念，就要促使大学生意识到法治的深刻价值以及与创业的内在关联。高校可以通过创业案例分析、创业模拟情境体验等形式创设具体的法律冲突情形，让大学生在活动情境中自主判断，懂得只有在法律允许范围内的市场参与才是健康理性的，才能保证创业合法有序进行。

（四）健全创业法治教育的考评体系

要敦促高校重视大学生的法律知识与法治素养教育，将法治的思维纳入创业教育全过程之中，可以发挥考评机制的激励指引作用。教育行政部门在对高校创业教育绩效进行考评的过程中，不仅要重视学校新创企业的数量、质量，还要关注是否能引导大学生培养良好的法治素养，为大学生开设系统的创业法律教育课程。通过外在考评机制的引导与规约，既能凸显创业法治教育的重要性，促使学校自觉地推动法治精神与创业教育的交融，又能推动创业法治教育的规范化、持续化与常态化，能真正促使法治成为创业教育的一大主线。

将法治的精神与要求融入高校创业教育的全过程之中，帮助大学生形成创业法治素养，已经成为创业教育改革发展的必然要求。对此，无论是教育行政部门或是高校，都应该充分意识到其迫切性与重要性，通过改革制度、搭建机制、优化教育内容等多维度多管齐下，高效有序地培育大学生的创业法律知识以及健康的创业法治素质。

第五节　思想教育维度下大学生法治观教育

中共十八届四中全会提出要全面推进依法治国，增强全民的法治观念。大学生是中国特色社会主义事业的建设者和接班人，寄托着国家和民族的希望，只有加强大学生法治观教育，才能增强其学法、守法、用法、捍卫法律尊严的自觉性和责任感。

本节从分析法治观教育是高校思想政治教育的重要任务入手，阐述了当前高校加强大学生法治观教育的必要性及对策，希望以此提高大学生法治教育的实效性。

建设中国特色社会主义法治体系，建设社会主义法治国家是我国依法治国的总目标。加强社会主义法治观教育是推进中国法治建设进程的必然要求，培养具有法治意识的高素质人才是高校思想政治教育的主要职责之一。

大学生法治观念的健全与否，直接关系到能否完成全面建设社会主义法治国家的迫切而紧要的任务。因此，帮助大学生树立正确的法治观念是当前高校思想政治教育面临的重要课题。

一、加强法治观教育是高校思想政治教育的重要任务

党的十八届四中全会指出"要深入开展法治宣传教育，把法治教育纳入国民教育体系"，目的就是要在全社会弘扬法治精神，树立法治理念，培养法治品质。法律素质是大学生重要的基本素质之一，健全和提高大学生的法律素质，加强大学生的法治观教育，是推进国家法治化进程的现实需要。

我国从1986年开始就在高校设立了法律基础课程，将法治教育纳入高校的思想政治教育工作中，迄今为止已有38年的历史。随着法治建设的不断发展和完善，大学生的法治观教育理念完成了由"法制教育"到"法治教育"的转变。法制教育的任务是传播法律基础理论知识，教育人们知法、懂法、守法，是对现行法律制度的诠释，而法治教育的内容不仅包括对法律制度的理解和认识，还包括了"培养人对法的精神、法的原则、依法治国战略的认同，并将法治转化为自身内在的价值追求"。

一般来说，法治教育的内容主要包括三方面：一是掌握有关法律的基础知识。二是形成法律意识和法律思维，培养正确的法治观念。三是提高法治实践的能力。

二、加强法治观教育是高校思想政治教育发展的必然要求

（一）思想政治教育的时代性要求加强大学生法治观教育

思想政治教育具有时代性的特点，高校要结合时代要求对大学生进行正确教育。目前我国正处于全面建成小康社会，实现社会主义现代化建设和中华民族伟大复兴的关键时期，法治作为维护国家和社会长治久安的重要力量，显得尤为重要。大学生是社会建设的参与者和实践者，通过社会主义法治观教育，使大学生认识到法治是社会改革发展的保证，关系到社会主义各方面的有序发展。高校思想政治教育要运用多种手段和方法把法治理念逐渐融入大学生的思想和行为中，增强大学生运用法律的自觉性与主动性。具有法治观念的大学生，在今后的工作岗位中，不仅自己积极践行具有时代特点的法治理念，而且能够通过自身行为影响周围人群，促进法治的宣传和发展。

（二）思想政治教育的创新性要求加强大学生法治观教育

创新是事物发展的重要动力，高校思想政治教育的理论和方法要努力转变传统的教育理念：一是在原有理论基础上将党的十八届四中全会的内容和精神创造性地融入大学生的法治观教育中。二是不断改进教育方法，激发大学生学习法治理论的兴趣。三是思想政治教育工作者要有创新理念，积极主动探索和研究新的理论与方法，克服经验主义和本本主义，使之与现代社会的法治建设相适应。

（三）思想政治教育的实践性要求加强大学生法治观教育

思想政治教育具有实践性，其最终目的是培养与社会实践相契合的，具有良好思想品德的"四有"新人。对大学生进行法治观教育，只有将其放到法治实践的环境中体验，才能评估出高校思想政治工作中法治教育的效果。高校思想政治教育必须结合社会现实完善法治教育内容，并引导大学生主动参与法治实践，在实践中学习法律知识，培养法律素养，提升综合法治能力。

三、高校思想政治教育中加强法治观教育的主要措施

（一）充分发挥学校教育的主渠道作用

1. 学校应正确定位法治教育在思想政治教育中的地位

目前，从高校开设的相关课程来看，法治教育还是从属于德育教育。大学生以接受道德、纪律教育为主，面对实际问题时，习惯性地用道德、纪律去衡量，缺乏法律意识。因此，在法治国家建设的大背景下，高校思想政治教育工作者必须转变旧的教育理念，坚持德法并举。

2. 发挥思政课堂对法治观教育的主阵地作用

当前高校开展法治观教育的主要任务是贯彻党的十八届四中全会的精神，积极探索如何将依法治国的法治理念融入教学当中。因此，学校应该从新的视角出发：一方面，系统梳理习近平总书记关于法治的讲话内容并研究学习，掌握最新理论成果，确保教学内容的时效性。另一方面，在课堂上用灵活多样的方式将最新的法治理论知识传授给学生。大学生的法治教育应紧紧围绕他们生活中所涉及的法律问题，以案例的形式呈现，运用启发式、模拟式、讨论式等多样的教学形式，帮助学生思考法律事实背后隐藏着的法律理念和价值以及帮助学生领会法治在国家和社会建设中的重要性。此外，教育工作者更应该注重提高大学生的法治实践能力，在课下要让学生身临其境，积极参与法治宣传活动。

3. 提高教师的法治观念

教师是法治教育的主要传播者，法治观念的高低很大程度上影响大学生学习法律的动机和效果。教师不仅要掌握必要的法律基础知识，而且必须具有坚定的法律信仰，并能够成为社会主义法治的忠实捍卫者。学校要定期对教师进行培训，包括法律法规的学习等。此外，还要提高教师的法治教育水平。教师具备一定的法治理论知识储备后，要努力探索新的教学方法，并能够熟练运用网络技能，总结经验，提升教学水平。在法治教育过程中，教师既要有坚持实事求是、与时俱进的思想品质，又要有坚持"以人为本"的培养理念，着重培养学生的法治观念和能力。

（二）加强大学生法治观方面的自我教育

大学生法治观方面的自我教育，是指大学生对自身的法律思维和法律行为进行的自我认识、自我调整及自我提高。目前，我国大学生这方面的自我教育还比较欠缺。因此，高校必须加强大学生的法治观自我教育。高校第一，激发大学生自我教育的动机。高校应该使学生明确学习法律不仅是为了应付考试，而是帮助学生树立正确的权利义务观，加强自身行为的合法性，帮助他们形成以自我发展和自我完善为指向的动机系统。第二，营造良好的自我教育的学习氛围。学校通过组织多种多样的关于法治教育方面的活动，比如组织法治宣传活动、法律演讲比赛、法庭模拟等，创造良好的条件和氛围，使学生在活动中潜移默化地提升自我教育的能力。第三，把学生的自我教育与社会法治需求相结合。加强社会主义法治建设，旨在强调法律至上，依法办事。所以，大学生在剖析社会热点问题时，不能盲目、偏激或者随意跟风，要辩证地分析双方观点，运用正确的法律推理形式得出自己的见解。

（三）努力营造良好的法治教育环境

大学生法治观念的树立是一个长期系统的过程，需要来自学校、家庭、社会各方的有效配合才能完成。首先，营造良好的校园法治环境。高校要结合依法治国的教育理念，推进校园法治文化建设，比如在全校举办法治文化辩论赛，开展以"法治教育"为主题的征文活动，拍摄法治教育的宣传视频等。其次，重视家庭教育。这就要求父母要走进学校，与老师沟通，了解孩子的学习内容，使课堂教学效果在家庭教育中得到强化和巩固。如果将法治理念引入家庭教育中，对学生法治观念的提升会有很大帮助。比如，在家里，父母可以和孩子一同观看中央电视台法制频道的"今日说法""焦点访谈"等栏目，一起阅读法治类书籍或陪同孩子参加社区法治宣传活动等，以此来强化孩子的法治观念。最后，优化社会环境。由于现代社会信息技术的快速发展，大学生获取信息的渠道增多，容易受到各种社会思潮的影响，从而淡化法律观念和法律信仰。因此，国家和政府必须加大力度优化社会环境，合理利用网络、新闻媒体宣传自由、平等、法治等正确的价值观，营造一个良好的社会环境。总之，学校、家庭、社会三方在大学生的法治观教育方面扮演着不同的角色，只有三方相互配合，良性互动，才能最大限度地提高大学生法治观教育的实效性。

综上所述，加强大学生的法治观教育是高校思想政治教育中面临的一项紧迫任务，它关系到我国社会主义和谐社会的构建，关系到两个一百年目标和中国梦的实现。因此，我们必须高度重视大学生的法治观教育，充分发挥各方的职责，不断提升大学生的法治能力和水平，为未来法治社会的建设培养高素质的合格人才。

第四章 大学生法律意识的理论研究

第一节 大学生法律意识现状

大学生是我国社会群体中的重要组成部分，同时也是我国社会发展的支柱力量，大学生的法律意识，影响着当代大学生的文明发展与风貌，更影响着国家未来的发展。法律意识的教育与渗透在我国的高校教育中推行多年，已经取得了一定的进展和收获，但同时也存在着一系列的问题。因此，我们应当本着客观的原则，正视大学生法律意识培养中存在的问题，并积极寻求解决方案。本节通过剖析大学生法律意识建设中存在的问题，并提供相应的策略，为高校法律建设工作的开展提供思路。

法律意识是人类社会意识的组成部分，是人们关于法律的思想、观点、理论和心理的统称。包括法律心理和法律思想体系两部分，前者涵盖人们对法的本质和作用的看法，对现行法律的要求和态度，常是自发形成的，属于法律意识的初级阶段；后者是指人们对法律的评价和解释，是对人们的行为是否合法的评价以及法制观念等，属法律意识的高级阶段，需经培养、教育才能逐步形成。在我国法律社会构建的进程中，大学生群体的法律意识建设，体现了当代中国的文明发展程度，更影响着法治中国的建设步伐。因此学校教育应通过有效的手段促进法律意识在高校中的推广及渗透，为国家培养出遵纪守法、正直自律的优秀人才。

一、大学生法律意识培养中存在的问题

（一）缺乏基本的法律信仰，法律意识淡薄

随着社会的快速发展，经济水平与人民生活水平得到了大幅度的提升，但人民精神文明建设的发展步伐却稍显拖沓。社会激烈竞争带来了人们对利益的过分关注，浮躁的社会风气严重影响了文明社会的发展。在学校法律意识的培养过程中，普遍存在着大学生法律意识淡薄，缺乏对国家法律的敬畏与信仰的情况，严重阻碍了学校的法律教育工作的开展，且给学生的个人修养及道德水平的发展带来了不利影响。例如近年来，大学生陷入网络借贷纠纷的恶性案例屡见不鲜，其中不乏一部分学生为了满足自己的虚荣心，对金钱、奢侈品的过度追求，从而造成了与个人经济情况严重不符的高消费，最终酿成了难以挽回的后果。这些案例的发生，体现了当代大学生法律意识的淡薄和个人法律信仰的缺失，在面对金钱和利益的诱惑时，无法分辨对错，最终造成了严重后果，影响了学生的未来发展。

（二）高校法律教育培养模式落后，质量偏低

目前，我国的高校虽然已经认识到对学生进行法律教育的重要性，但在实际的执行过程中，仍存在着一定的差距，主要体现在教育模式较为落后，教育效率低下且效果不佳。高校的法律教育仅依靠法律专业的教师进行有限的教学是远远不够的，一方面专业教师资源紧张，很多教师既要承担自身法律专业的教学工作，又要承担学校法律普及教育的工作，导致专业教师工作压力巨大，教学工作的开展也是分身乏术。另一方面，非法律专业的教师普遍缺乏基本的法律教育常识，无法结合本专业的教学内容进行法律教育的普及，从而导致教学效率低下。其次，教学方法仍然停留在过去灌输式的教育模式当中，教学手段及方法落后，难以吸引学生的兴趣和注意力，从而造成法律教育和普及的工作无法真正落地，劳而无功，自然发挥不了其作用。

（三）高校对学生的管理工作过于松散

学生法律意识的培养，离不开社会、学校、家庭和学生自身的共同努力，

然而在目前的高校教育中，很多学校缺乏对大学生行为习惯及个人修养的管理与提升，只抓学业而放松了对学生道德修养和法律素养的培育工作，造成了法律教育的严重滞后。例如，部分大学生利用课业时间进行网络直播等活动，或在互联网平台恣意发布一些不合规范的言论，校园内暴力事件频发，学校缺乏对学生的有效监管，甚至针对此类事件睁一只眼闭一只眼，不但造成了学生学习成绩的退步，更造成了部分学生沉迷于虚假的网络世界，在金钱和利益面前失去了个人的原则和底线，从而酿成了悲剧。

二、提升大学生法律意识的有效策略

（一）增强大学生法律教育的力度

法律意识的形成，是当代大学生重要的行为与思想指导，因此学校教育应不断加大对大学生法律教育的力度，提高对学校法制建设的重视程度，将法律教育逐渐融入专业课程的学习中，提高学生对社会自然法则的信仰与推崇，将依法治国的理念融入日常教学的方方面面，通过潜移默化的影响，将法律意识传播到学生当中，帮助学生树立起正确的世界观、人生观、价值观，在浮躁的社会中坚守住底线与法律道德准则，坚守内心的法律信念与道德底线，从而践行法律知识，提高自我修养。

（二）优化法律教育手段，创新教学方法

随着信息技术的不断发展，学校的教育也应与时俱进，顺应时代发展的潮流，因此高校法律教育工作的开展，也应当创新思路，顺应新时代教育发展的实际要求，以多元化的教学手段促进校园法律教育的有效开展。首先，教师应从自身角度出发，增强法律教学的意识，通过意识的转变带动教学工作的创新优化；其次，学校应为学生打造良好的法律教育氛围，通过法律知识普及教育、法律知识相关活动竞赛、法律工作实践等丰富多彩的活动，促进高校法律教育工作的开展；再次，充分利用信息技术的教学手段，如视频、动画、互动、情境等动态模式，丰富法律教育的方法，以多元化的教学内容提高学生对法律知识学习的兴趣，从而促进教育效果的提升。

（三）强化学校的监督与管理

学校教育应当本着认真负责的态度，加强对学生个人道德水平与法律观念的管理与培养，并通过有效的监督机制，约束大学生的个人行为，提高道德标准，建立法律意识。如整治校园网络直播、网贷、校园暴力等不良行为，联合家长的力量约束学生的个人行为；加大对网络诈骗的宣传和普及力度，组织学生学习如何防止网络诈骗的有效方法，提高学生的警惕性和法律认知；一旦发现学生违反法律及道德标准的行为，严格惩处，并通过一定的手段杜绝此类事件的再次发生，从而实现学校监管的作用。

大学生法律意识的提升，离不开学校的有效管理，因此学校教育部门应加强对大学生法律意识及道德修养的重视，优化法律教育手段，加强监督管理，从而唤醒学生对法律的敬畏与信仰之心，使之自觉约束个人行为，促进法律意识与道德标准的提升。

第二节 大学生法律意识的功能及培育

大学生法律意识是大学生的法律观点以及对法律的情感和态度，具有导引、教育、辨别、规范、自我保护等功能，也是大学生成长成才的要素之一。进入社会主义新时代，培育大学生法律意识需要加强学校法律修养方面的教育，强化法律的权威地位，加强法律思维的训练，充分发挥大众媒介的重要作用。

马克思主义认为，意识来源于物质，是物质世界发展到一定阶段的产物，是对客观物质世界能动的反应。意识一开始就是社会的产物，而且只要人类还存在着，它就仍然是这种产物。意识作为一种观念形态不外是移入人的头脑并在人的头脑中改造过的物质的东西而已。根据意识所反映的对象的不同，人们一般将意识划分为自我意识、社会意识等不同类别。法律意识作为一种社会意识，在国家大力推进依法治国和改革、创新、发展中国特色社会主义市场经济的时代背景下,在大学生成长成才和社会参与过程中发挥着越来越重要的作用。

一、大学生法律意识的内涵

法律意识是社会意识的一种形式,表现为人们的法律观点以及对法律的情感、态度。一般认为,法律意识由法律心理、法律观念、法律理论和法律信仰四部分组成,其主要内容包括对法律的本质、内涵、功能的看法,对现行法律、法治、法制的情感和态度,对法律的理解和评价,对个人法律权利和义务的认识,对行为合法性的评判等。概言之,大学生的法律意识是对法律和法制的理性认知,是情感意志、信任信仰等多种心理要素相互交融的综合体,是大学生对法律、法制、法治及其现象能动的反应和主观把握方式,是存在于大学生群体中的一种特殊的社会意识体系。有关研究显示,当前大学生群体中一定程度上存在着法律认知水平较低、法律观念模糊、法律意识淡薄、法律思维不强、法律责任感较弱等问题,甚至违法犯罪。

二、大学生法律意识的功能

法律制度及其现象是法律意识产生的物质基础,没有法律制度等形式的法律存在,科学的法律意识就不会凭空产生。同时,物质与意识的辩证关系也告诉我们,虽然法律意识受到法律制度等法律存在的影响和制约,但法律意识并非简单、机械地反映法律制度及其现象,而是对现行的法律、制度等法律存在具有能动、积极的反作用。实践表明,法律意识在一定程度上影响着国家法制建设的方向和路径选择,决定着法制国家建设的成败。可以说,积极的法律意识既是社会主义法治国家建设的出发点和条件,又是建设社会主义法治国家的重要内容。大学生是未来社会主义建设的主要生力军,其法治意识功能的发挥对个人成长成才,对积极推进"依法治国建设社会主义法治国家"具有十分现实的意义。

(1)导引功能。大学生积极的法律意识有助于完善社会主义法律体系,推进社会主义法制建设。中华人民共和国成立之初，我国社会法制基础比较薄弱，法律在国家治理和人民生活中的权威地位尚未完全确立，国家法制进程整体推进较为缓慢，其中一个重要的原因是社会公民缺乏基本应有的法律意识和学会运用法律维护个人权利、解决社会问题的能力。改革开放以后，随着社会主义市场经济的不断完善，使国家对法制建设的要求越来越高，同时也倒逼着社会成员法律意识的成长和完善。大学生作为政治思维活跃、政治敏锐性较强的一个青年群体，能否成为未来社会主义法制建设的生力军，与其法律意识状况有直接关联。这不仅体现在大学生法律意识的强弱程度上，也体现在法律意识对大学生法律行为即大学生对法律的崇尚、支持和践行方面，具有很强的行为导引功能。

（2）教育功能。培养大学生法律意识的形成离不开教育，大学生的法律意识一旦形成，也会对大学生成长和生活产生巨大的教育作用。也就是说，大学生的法律意识离不开必要的法制教育，需要通过诸如大学生"思想道德修养与法律基础"等相关课程讲授基本的法律知识，帮助大学生了解国家法律，特别是我国宪法的主要内容和基本精神，认识到"依法治国，建设社会主义法治国家"的必要性和重要意义，以及自身具有的正当法律权利和应当履行的法律义务。大学生只有在具备了一定的法律意识之后，才能更加积极、更加自觉、更加深入地学法、守法、护法、用法，用正确的法律意识进行自我教育，并指导、规范自身的日常法律行为，学会用法律思维观察、分析、处理社会现象和问题，将法律视为自己终身受用的工具，并成为大学生日常生活的一部分。

（3）辨别功能。法律是辨别是非善恶、评价事物好坏的基本准则和依据。大学阶段是大学生法制观念形成和发展的重要时期，也是个人多元文化价值交流、交融、交锋、碰撞较为显著的时期，这无疑增加了当前大学生做出正确事实判断和价值判断的难度。就法律意识的辨别功能而言，至少包含两方面的内容。一是法律意识有助于大学生自觉守法、依法办事、始终坚持以社会主义法律为准绳。二是大学生法律意识有助于推动社会主义法制建设，维护法律尊严，辨别是非善恶，评判社会公平正义、法律实施效果，有助于司法机关相关法律活动开展有效监督，等等。

（4）规范功能。在阶级社会里，作为特定社会的上层建筑和一种国家治理手段，法律产生于一定的社会生产关系之上，具有明显的阶级性。社会主义法律是社会主义国家统治阶级意志的集中体现，是国家调节生产关系、社会关系、人际关系，调整国家政策、民间习俗，规范社会行为的外部强制力量。一方面，这种外部强制力量是生成大学生法律意识的前提和保障，缺乏具有约束力的法律作为基础，法律意识的形成和发展也就成了无源之水。另一方面，法律意识一经形成，就会内化为指导、规范大学生行为的内在力量，驱使大学生更加自觉地依照法律要求行事。大学生行为的合规范很大程度取决于其法律意识的建构和提升。

（5）自我保护功能。法律是现实生活中人们需要共同遵守的基本准则，任何人都不能超越法律规定的范围行事，否则就要受到法律的制裁。更好地发挥法律的这种威慑力离不开人们具有必要的、基本的法律意识，如此才能在社会实践中依法、尊法、守法、护法，才能更好地履行自身的义务，维护正当合理的权利。也就是说，必须具有一定的法律意识，才能自觉地履行法律，将法律作为捍卫自身权利的武器。因此，法律意识在某种程度上也是一种自我保护意识，具有自我保护的功能。

三、培育大学生法律意识的途径

正因为大学生法律意识在建设社会主义法治国家、建设社会主义市场经济和个人成长成才过程中的基础作用，正因为当前大学生的法律意识存在有待进一步完善的问题，探索培育和健全大学生法律意识的途径就显得尤为重要和必要。

首先，加强学校法律意识方面的教育。法律意识的培育、正确法律观念的形成离不开必要的法律知识。没有一定的法律常识作为基础，就很难培育正确的法律观念和法律意识。"思想道德修养与法律基础"是大学新生必修的法律教育基础课程，是传授法律知识、培养大学生法律意识的主要渠道。用好这个渠道，真正发挥"思想道德修养与法律基础"课程在培育大学生法律意识过程中的重要作用，除了教育行政部门给予高度的重视以及经费、课时、师资等前提保障外，相关教材编写、课程教学方法方面也应有所创新和改革。尽可能多地选用贴近学生生活的生动案例和大众语言，将晦涩难懂、复杂深奥的法律条文和事例形象地呈现在大学生面前，避免一味的"填鸭式""灌输式"教学，使学生在情感上主动去了解、学习有关法律知识。在行动上积极遵循法律要求，护法、守法，使学生切身感受到法律是与他们息息相关、须臾不可分的重要行为准则和规范。

其次，强化法律的权威地位。全面依法治国是社会主义新时代下建设中国特色社会主义的重要方略之一，也是发生在国家治理领域里的深刻变革。这里所依据的法律首先是《中华人民共和国宪法》。作为我国的根本大法，宪法是全体中国人民意志的集中体现，代表着全体中国人民的根本利益，具有绝对的权威性。强化宪法在学生心目中的权威地位，一是要学生清楚地认识宪法的基本内容、产生、形成和发展，以及宪法在社会生活和国家治理中的地位和作用等。二是要在社会各个领域努力营造一个有法可依、有法必依、违法必究、执法必严的一以贯之的法治环境。三是着力培养大学生对法律的情感认同，形成尊崇法律权威的前提基础和内心强大力量。此外，大学教师还应加强自身的法律践行，依法依规办事，主动护法守法，以身示范，打造优质的法治校园环境。

再次，加强法律思维的训练。掌握了一定的法律知识和常识的大学生，在多大程度上能够按照法律规范行事，其中一个重要的因素在于其法律思维的成熟和完善程度。概言之，法律思维是一种"按照法律的规定、原理和精神，思考、分析、解决法律问题的习惯与取向"，是大学生将法律认知转化为法律行为的桥梁和重要条件。另一方面，法律思维的完善又会反过来推动法律认知向深入和完善发展。没有法律认知作为基础，法律思维就成了无本之木；缺乏必要的法律思维，法律认知的发展以及运用法律的能力就会因为缺乏更新和完善的动力而受到制约。

最后，在新媒体不断涌现的媒体环境下，应注重发挥大众媒介在培育大学生法律意识过程中的重要作用。一是要发挥大众媒介覆盖面广、影响力大的特点，进行积极的普法宣传。通过广播、报纸、电视、网络传播法律知识、宣扬法律精神、展示国家法治建设的成果，构筑大学生法律意识的思想基础。二是加强新媒体舆论环境的法治建设。新媒体已经深度融合到大学生的日常生活，成为大学生接受资讯、认识社会、参与政治日用而不可离的重要途径。新媒体时代，丰富的法律信息遍布于整个舆论场域，并借助新媒体不断传播、发酵，对大学生法律意识的形成和发展持续地造成影响。因此，加强新媒体及其舆论环境的法治建设，是培育大学生法律意识不可忽视的重要一环。

第三节 新时代背景下大学生法律意识

法律意识是全面推进依法治国的关键因素。在新时代背景下，大学生作为国家和社会发展的后备主力对于依法治国的全面深入推进意义重大。本节从大学生法律意识内涵和功用着手，阐述了当前大学生法律意识的现状和原因，进而提出了大学生法律意识的培养和提升路径。

一、新时代背景下大学生法律意识

高校作为大学生人才培养的主要输出基地，在依法治国的进程中应重视大学生法律意识的培养和提升。法律意识也是一种社会意识，是社会公民对于法律的一种情感和态度。具体而言，法律意识是由法律心理、法律观念、法律理论和法律信仰组成，是对社会现行法律、法治、法制的一种情感认知和价值认同。大学生作为特殊的社会群体存在着一种特殊的社会意识体系，在学习生活中对法治和法制有着基础性的理论了解，同时在学习过程中能形成情感认同和理性认知并形成法治信仰。因此，培养大学生的法律意识就是培养大学生对法律中权利和义务的思辨性和心理性认知。意识作为行动的主导，能有效支配大学生的行为。大学生作为社会主义法治建设中的中坚力量，在依法治国的进程中发挥着重要的作用，所以，大学生法律意识的培养和提升关系着国家和社会的平稳有序发展。提升大学生的法律意识将会直接保障我国法治建设的可持续发展。同时，大学生群体对于全社会法治意识的提升有着显著的引领作用，大学生作为知识型的社会群体将会融入社会的各个群体中去，大学生法律意识的形成将会促进社会群体法治意识的提升。

二、大学生法律意识现状缺失成因分析

在互联网的影响下，大学生的法律意识问题被推到了敏感地带，呈现出了多样化的特点。第一，大学生对法律认知程度和水平较低，尤其对于非法学专业的学生而言，普遍缺少对法律基础知识的了解，缺乏法律知识、概念以及观念。第二，法律情感意识淡薄。情感认知对于大学生的学习十分重要，在法治进程中法律情感意识直接决定着学生的法律意识，这也会影响到大学生对法律的正义感、信任感以及责任感。第三，法律信仰原则缺失，法、理、情对于大学生而言应是三位一体的集成概念，法律原则指引和约束着大学生的生活，大学生唯有心中有法律信仰，才能将其作为行为准则。

大学生法律意识的缺失与社会、学校以及学生自身的发展都有着密切的联系。随着社会的发展，我国经济和文化呈现出多元化发展的趋势，校园文化也面临着社会外界文化的影响，网络媒介在学生群体中出现激增的趋势，这些都为校园社会主义文化建设带来了压力。然而，现阶段我国正处于法治进程中，法制环境尚未完善，大学生对于社会中的违法、犯罪知识只是一种表面性认知，对于法律的实际接触和认识的机会较少，他们仅仅把法律认为是一种惩戒的工具，却没有认识到法律中体现出的公平、公正以及权利和义务等。同时，高校法制教育的不足也阻碍着大学生法律意识的提升。高校教育往往对于思想道德教育多为倾斜，而在法治和法制教育中课程设置不合理，教学资源也不充足，没有突出法律基础和法律修养的教学，这严重阻碍了大学生法律意识的形成。而对大学生自身而言，其正处于人生观和价值观形成的重要阶段，在心理和心智等方面正处于过渡发展期，往往情感因素占主要地位，同时受到外界消极因素的影响，缺少法律思维的形成。

三、大学生法律意识提升路径探析

（一）重视高校法治教育，创新法制教育内容和形式

高校是大学生学习成长的主要场所，对于大学生的全面成长有着重要的影响。因此，高校要重视法治教育，在法治教育中进行创新和改革，丰富法制教育的形式和内容。其中尤为关键的是，高校要转变传统教育观念，提升法律课堂教学水平，在实际教学中，优化课程设置，适当增加法律课程的分值和比重。对于大多数高校而言仅仅开设了"思想道德修养和法律基础"课程，显然这种大课教学模式对于大学生法治意识的形成效果不明显，可以设置一些与学生生活和学习有关的法律实践课堂，打造"实践性"和"理论性"并行的教学模式。法律是一门实践性和应用性的学科，教师在平时的教学中要丰富课堂的教学形式，在法律基础课程教学中可以融入多元化的教学形式，唯有这样才能提升课堂教学效果，激发学生的学习兴趣。同时，可以举办一些实践教学，如小组辩论、讲座学习、模拟法庭等校内实践性活动教学，提升法律课堂的吸引力，也可以让学生积极参与到校外实践中去，在社会实践、专业实习中亲身感受法律的魅力。

（二）发挥网络法治作用，提升大学生媒体素养

随着互联网的发展，网络媒体与大学生产生了密切的联系，对大学生产生了较为广泛的影响。微博、微信、QQ以及论坛、视频APP等网络媒介在大学生群体中广泛传播，APP、网络直播越来越流行，这些与网络接轨的网络媒介与大学生的学习、生活产生了紧密的联系。然而，多元化的信息传播渠道，势必会造成复杂多变的网络文化。因此，高校应充分发挥网络在法治中的作用，积极引导大学生正确使用网络媒体。在法治教育中，高校要利用网络媒介的优势，在网络平台上开展内容丰富的法治教育。比如，可以学习国家层面的举措，如中共中央宣传部打造的"学习强国"平台，这种综合性的学习平台对于大学生法律专题的学习也是比较重要的。具体而言，高校要充分发掘自媒体的优势，可以创设法治教育微信公众号，定期向学生推介一些具有代表性和典型性的法治教育案例；完善网站论坛

建设，在学校网站上创设法治教育论坛，对一些敏感性社会问题从法律层面进行讲解以达到"吸粉"效果；发挥网络直播的优势，将精选案例以直播的形式与学生进行互动，为学生提供一个互动性交流平台；占领网络广播制高点，加强法律教育的宣传和法律意识的培养；提升学生的媒体素养，邀请专业人士开展专题讲座。唯有占领网络高地，高校在教育教学中才能集中优势提升法律教育和法治教育的质量，进而提升大学生的法律意识。

（三）加强校园文化建设，营造校园法治氛围

法治意识是一种社会意识，同样法治意识也是一种文化表现。文化自信是最基本、最持久、最深厚的自信。在法治教育中文化元素同样占据着重要位置，大学生法治意识的提升与外在影响因素——校园文化应当作为法治意识的基础性存在。在大学校园中，大学教育要大力塑造学生的主人翁意识，构建一个和谐、法治的文化氛围。作为校园文化建设的参与者，教师、学生、事务管理人员和后勤人员等，在校园文化建设中要突出法治和法制的特点，以法律文化的导向性与规范性为依托，对大学生品行进行教育和引导。比如，校园活动中可以引入法治教育专题，进行一些公开性的法治辩论赛；大学社团活动要打造一个法律讲堂平台，为学生普及法律常识；学校的日常事务管理借鉴法治管理模式等。以法治宣传和法治管理为根基，营造"民主参与、依法治校"的法治氛围，使学生在潜移默化中受到法律的"熏染"，提升大学生的法律修养，为大学生法治意识的提升夯实基础。

（四）坚定理想信念，树立法治信仰

高校教育可以有效推动大学生的法治意识的形成。法治教育的前提是大学生必须有坚定的理想信念和法治信仰。学生主体的法律信仰是学校教育和社会活动开展的前置因素，唯有建立学生的法治信仰才能引领、规范、约束和激励学生的成长，学生的信仰就是个人的行为指南。尤其在多元文化的影响下，文化的碰撞和交流势必为学生带来一定的冲击，而坚定的理想信念是保障大学生成长的基石。所以，大学生法治意识的提升应建立在忠诚的信仰和坚定的信念之上。在新时代中国特色社会主义背景下，要用

法治来引导学生的行事规范以及树立正确的价值观。从法律与社会主义核心价值观入手，社会主义核心价值观为主，法律为辅，将社会主义法治思想深入到课本之中，激发大学生的自我觉醒，增强对法律的认同感，在内心形成对法律的信仰。

第四节 大学生法律意识培养的意义

随着我国法制建设的不断深入，大学生作为我国未来社会建设的主力军，在大学期间加强对其进行法制教育，培养大学生法律意识，使其掌握基本的法律知识具有十分重要的积极意义。培养大学生法律意识是实现依法治国的内在要求，同时有助于全面提高大学生的综合素质和自我保护能力，为其走向社会提供坚实基础。

2015年10月，党的十八届五中全会对如何加快推进依法治国，全面建设社会主义法治国家做了深入讨论和部署。随着我国社会经济的不断发展，依法治国已成为我国构建和谐社会实现中国梦的必由之路。在这样的时代背景下，加强大学生法律意识培养，提升大学生基本法律知识无论是对社会主义法制建设还是对大学生自身素质的提高都有十分重要的意义。

一、大学生法律意识培养是实现依法治国的内在要求

全面推进依法治国，加强社会主义法制建设，就要在立法上完善社会主义法律体系，做到有法可依；在司法上不断推进社会主义司法体制改革，做到执法必严。而这些都必须落实在全民守法层面上，做到有法必依。全民守法要求公民具有一定的法律意识。公民法律意识首先表现为公民对法律权威的认可和对法律秩序的信仰，在国家"立良法"的基础之上相信遵守法律所带来的积极后果，并且能够依从自己的内心而不是国家强制力自觉遵守法律。除此之外，公民的法律意识还表现为公民对基本法律知识的

了解和对权利意识的觉醒，遇到侵权和纠纷事件能够有效地运用法律武器来保护自己的合法权益。只有真正提高我国公民的法律意识，法制社会才能真正实现。

大学生是祖国发展的未来和希望，是建设社会主义法治社会的中坚力量。加强对大学生法律意识的培养，是提高全民法律意识的突破口和重点。首先，在大学生初入大学校园，社会观和价值观还没有完全形成，在这个阶段对其进行法制教育，容易使其产生正确的法律观念，并且内化于他们的社会观中。其次，高校有其得天独厚的教育和宣传优势，有利于开展多种形式的法制教育和宣传工作，集中且高效，在学校进行法律法制宣传教育效果会事半功倍。最为重要的一点是，大学生是未来国家建设的中坚力量，培养大学生的法律意识，使他们走向社会后能够自觉地遵法守法，在各行各业尊重法律规则的调整，对全面建设法治社会具有重要意义。最后，大学生作为新一代青年知识分子，人数众多，他们的法律意识可以影响到其他公民，给尚法守法社会风气的形成起到积极作用。

二、大学生法律意识培养有助于全面提高其素质

法律是一门逻辑严谨、内涵丰富的学科，掌握基本的法律知识，拥有法律意识和法律思维，对于提高大学生逻辑思维、规则意识、责任意识都有十分积极的作用，有助于全面提高大学生素质。

（一）有助于提高大学生的逻辑思维

法律是一门逻辑结构十分严密的学科。在立法上，各类法律之间分工明确又相互调整配合。每一个法律条文都按照假设条件、行为模式和法律后果的逻辑结构进行规范。在司法中，各个司法机构相互配合、相互制约，法律适用执行最严格的证据和逻辑审查。这些都无不说明法律从学科到实践都不断地强调严密的逻辑。

正因为如此，学习掌握基本的法律知识，学习法律规范的逻辑结构，能够使大学生在学习中潜移默化地影响思维方式，锻炼和提高自己的逻辑

思维能力。不论大学生在校学习什么专业,将来走向社会从事什么职业,一个良好的逻辑思维能力都是他们走向成功的助推器。

(二)有助于增强大学生的规则纪律性

法律是调整人们行为的一种规制手段,它依据法律规范清晰地告诉人们什么事可以做、什么事应该做、什么事不能做,并通过国家强制力来实现。简单来说它就是一种规则,一种"纪律"。法律赋予公民权利,但公民在享有权利的同时必须履行相应的义务来保障其他人权利的实现。这就是卢梭所说的"戴着枷锁的自由",我们在享受法律保护的同时也必须受其约束。

现在的大学生大多数思想独立,个性鲜明,受西方自由主义思想影响较重,规则纪律意识较淡薄。培养大学生的法律思维,使他们从内心崇尚法律规则,自觉接受法律调整。在追求自我个性解放的同时有底线思维,这对大学生的规则纪律意识的提高有十分重要的积极意义。对大学生而言,富有纪律意识是他们身心成熟的必备条件,是学习工作的必然要求,也是他们走向社会适应不同环境的基本素质。

(三)有助于提高大学生的责任感

法律赋予公民权利,保护公民的合法利益,但与此同时也要求公民履行相应的义务。公民履行义务是为了确保其他人权益的实现,这是自己享受权益的前提条件,而公民若违反了法定或约定的义务便会产生法律责任,承担不利的法律后果。虽然我们常说的责任和法律中所讲的责任不是同一意义,但是对于法律义务与责任的正确理解能够使人们理解履行义务和承担法律责任是我们享受法律保护的前提,是一种利己行为。当一个人自觉地去做应该做的事,也就实现了我们普遍意义上所说的一个人的责任。

当代大学生是自我意识觉醒的一代,他们渴望取得成功,完成自我价值的实现,这是他们自我责任感提升的表现。但是当代大学生的角色和社会责任意识却呈现出弱化的倾向,如家庭责任意识不强,爱情、婚姻责任观比较混乱,职业责任认识比较模糊,他人责任和集体责任观念淡化,合作意识不强。法律涉及社会生活的方方面面,培养大学生的法律意识,在他们心中强化法律义务与责任的观念，使其有主动履行义务的自觉性将有助于提高大学生的角色和社会责任感。

三、大学生法律意识培养有助于提高其自我保护能力

从学校步入社会是人生的关键，大学生在学校经过四年学习具备了一定的专业知识，但是初入社会的他们缺乏阅历和经验，往往不能顺利地适应社会和保护自己。在大学期间对学生进行法制教育，有助于帮助学生更好地认识周围的人和事，在处理任何问题时都能保持理性的法律态度。增强法律意识，崇尚法律，能使大学生自觉做到遵纪守法，减少大学生走向社会后违法犯罪事件的发生。最重要的是，大学生在校期间掌握基本法律知识，能够使其在自身权益受到损害和威胁时提高警惕性，利用法律武器来保护自身合法权益，减少纠纷的发生。

综上所述，高校加强大学生法律意识的培养，使大学生掌握基本的法律知识，是我国依法治国全面建设社会主义法制社会的要求，也是大学生全面发展的要求。大学生法律意识的提高意义重大。

第五节　大学生法律意识教育路径

新一代大学生要想成为社会主义事业的合格建设者和接班人，其法律意识水平起着不可替代的重要作用。加强大学生法律意识教育是社会主义发展的需要，也是大学生成长成才的需要。作为一项系统的工程，大学生法律意识教育需要有明确的教育目标、合理有效的教育内容体系、创新的教育方式方法和良好的教育环境，从而为大学生的法律意识教育提供多元化的渠道。

法律意识属于社会意识的范畴，是"一种特殊的社会意识体系，是社会主体对社会法的现象的主观把握方式，是人们对法的理性、情感、意志

和信仰等各种心理要素的有机综合体"。党的十八届四中全会提出要增强全民法治观念。构建法治社会，建设和谐校园，也同样离不开大学生法治观念的提高。大学生法律意识教育是大学生思想政治教育的重要组成部分，加强大学生法律意识教育是提高其法治观念的重要环节，健全的法律意识能够促进大学生成长成才。多角度、多路径开展大学生的法律意识教育，可以从明确教育目标、优化教育内容、创新教育方法、营造良好环境等多个角度出发，切实提高大学生的法律意识，促进其长远发展。

一、明确大学生法律意识教育的目标

强化大学生的法律意识对于提升个人法律水平有无比重要的意义。马克思在其理论著作中提出："劳动过程结束时得到的结果，在这个过程开始时就已经在劳动者的表象中存在着，即已经观念地存在着。他不仅使自然物发生了形式变化，同时他还在自然物中实现自己的目的，这个目的是他所知道的，是作为规律决定着他的活动的方式和方法的，他必须使他的意志服从这个目的。"从以上论述中可以得出：人们的活动具有目的性是人类的全部活动所表现出来的一个首要的特征。对于高校思想政治教育来说，必须以提升学生的法律意识作为落脚点和归宿，全面提升他们的法律意识和法律水平。作为法律意识教育工作的出发点和落脚点，明确大学生法律意识教育的目标，应坚持主导性和多样性的辩证统一。大学生法律意识教育作为思想政治教育的重要组成部分，强调其实践性和社会性。只有将其落实到思想政治教育过程中，才能实现有效的教育的定位、教育内容的确立、教育方法的选择，保持法律教育活动的可操作性。因此，必须明确法律意识教育的目标，即要对社会要求与大学生身心发展的实际状况和水平，有正确的认识和客观的分析。培育大学生的法律意识和法律能力，使大学生学会借助法律手段来维护自己的合法权益。落实到具体实践过程中，应该强化大学生法律意识教育目标与教育主体的统一性，从而确保教育层次的多样化。由于高校大学生的专业、学科、学习层次等多方面的要素都不同，因此在教学实践过程中必须学会量体裁衣，为他们制定个性化、多元化的法律教学内容。从马克思哲学理论中得知，一切事物都是处于变化之中，大学生的思想、行为会随着教学过程而变化，这就要求大学生法律意识教育的目标必须处于动态平衡发展中。广泛关注大学生思想发展的动态性，不断对具体的法律意识教育内容进行完善和统一，从而让教学目标与社会发展相结合，促进大学生思想教育变化新维度的生成。

二、优化大学生法律意识教育的内容

法律意识包括"法律知识、法律理想、法律情感、法律意志、法律评价和法律信仰"五方面内容，具体到教学实践中，应该结合具体的教育内容结构来对教学过程加以控制和安排。只有如此，才能够满足大学生多元化、个性化的学习需要，为达成大学生法律意识教育目标创造条件，保证法律意识教育内容科学地实施。首先，任何形式的法制教育都是为了实现一定社会阶级或集团的法治目的。所以，对大学生进行法律意识教育，必须始终坚持以中国特色社会主义法治理论为指导，突出中国特色社会主义法治建设的核心内容。其次，优化大学生法律意识教育的内容结构，要完善教育内容体系。将法律意识的内容内化为若干个子系统，比如法律认知教育、法律情感教育、法律信仰教育等，只有将具体的内容细化，才能够让整个法律意识教育体系结构严谨、内容翔实，为大学生个人法律思想意识的生成创造条件和基础。法律意识教育不只是对法律意识内容的教育，还需要有很强的政治觉悟和思想素质。在平时的教学实践过程中，应该确保大学生法律意识教育的知识性、道德性的互相统一，将其落实到法律教育、道德教育等各个方面。另外，法律意识教育内容必须与时俱进，突出其时代化的特色。对法律意识教学内容优化整合，结合时代发展和时事政治来更新教育内容，促进其教育效果的达成。随着高校教育的不断发展，大学生思想政治教育面临的新问题和新要求也不断涌现，作为教育工作者应及时完善更新教育内容。我们要认真吸收并总结国内外经验，积极探索适合我国国情的法律意识教育内容体系。在法制教育内容的选择上，根据不同类别的学校和不同的专业背景的学生，开设不同层次的法制教育课。

法律课程的设置要做到共性和个性的统一，既要有与各类学生相通的法律课程，也要有针对不同学科的专业设置，使法制教育真正贴近学生的实际需要。

三、创新大学生法律意识教育的方法

随着信息技术的发展，新媒体在大学生日常学习生活中的作用日益重要，课堂上传统的教学形式和方法有时会变为一种抵触，创新法律意识教育的方法已成为必然。首先，充分利用思想政治理论课的基本教学课堂，加强大学生的法律意识教育。高校思想政治理论课在培养大学生法律意识上发挥着重要作用，应该充分结合各课程思想理论教育的优势，借助现代教育方法，增强教学的实效性和针对性。在相关课程的教授过程中，要多讲法律的基本原则，突出道德和法律的统一性。其次，法律作为一门抽象性较强的学科，具有很强的社会实践性。注重思想政治实践教学，促进新型教学保障机制的构建，加速大学生成长和教学进步。在进行教学设计的时候，必须与教学目标、课程设计、教学学时、教学经费等要素的有机整合，促进正常教学秩序的构建。促进有效的组织管理，积极调整实践课程与理论课程之间的比重，鼓励大学生走出校门，把实践教学融入社会调查、公益活动、志愿服务、专业课实习等多方面的情境发展中，从而提升教学的有效性。实践教学活动的不断开展，能够提升学生的思想政治素质，推进素质教育改革的顺利实现。因此，要积极开辟第二课堂，运用实践法进行教学。最后，"互联网+"的发展冲击了传统教育方法，必须善于借助现代信息技术手段来进行新型教育模式的呈现和运用，不断促进法律意识教育效果的提升。例如，在使用多媒体课堂教学的基础上，还可以利用新媒体积极开辟第二课堂，促进师生互动与交流，让法律意识教育更加具有可操作性和实效性，提升教学效果。

四、营造大学生法律意识教育的良好环境

努力营造良好的大学生法律意识教育环境，为大学生的学习和发展提

供有效的支撑和保证，从而不断提升教学效果。大学生法律意识教育环境的优化要坚持整体性原则，要重视思想政治教育环境内部诸要素之间的联系，使社会、学校和家庭之间做到有效衔接和功能互补。首先，政府要发挥应有职能，构建良好的社会政治环境。邓小平曾指出："没有安定的政治环境，什么事情都干不成。"在深化改革过程中要加强党风廉政建设，形成共同的政治认同感，坚定大学生的共产主义理想信念，引导他们贯彻社会主义核心价值观，营造浓厚的教育氛围。其次，优化传媒环境，为大学生法律意识教育创造良好的舆论氛围。一要拓展主流媒体的影响，对于社会主流信息进行有效的把握和认识。二要发挥新媒体的优势，推进教育效果的实现。善于将各种媒介有效结合起来，彼此渗透，为大学生法律意识教育效果的提升创造可能。三要营造良好的校园法治环境，要采取切实有效的措施，加大依法治校力度。高校管理坚持"依法治校"原则，从而构建浓厚的法治教学文化环境，激起学生对于法律知识的学习兴趣，促使他们主动地学习法律知识。同时，还要加快高校法治化建设进程，强化学生行为和教学管理行为规范，要求学生严格按照这些规则来做事、学习。另外，重视家庭教育在整个教育系统中的作用。此外，高校法律意识教育与社会、家庭、个人、学校等诸多要素之间有着非常紧密的联系，因此还要在社会与家庭、学校与家庭之间建立有效的联系。社会与家庭之间的联系可以通过社区（街道）的形式，使社会与家庭之间有一个纽带。家庭教育对大学生的思想意识的形成有着深远的影响，高校应当与大学生家长建立起长效的问题沟通解决机制，使家长配合学校的教育和管理工作，形成合力，形成一种有利于大学生法律意识教育的环境系统。

第五章 大学生法律意识的创新研究

第一节 大学生的法律意识和诉讼心态

大学生是社会主义法治建设的生力军,是中国未来社会建设的主体,如果他们不具备相应的法律意识和法律素质,就很难适应时代发展的需要。

本节将从研究意义、大学生法律意识的形成和培养途径这三个方面浅析当代大学生的法律意识和诉讼心态,积极探索大学生法律意识培养的有效途径。

法律意识是指在一定社会条件下,人们对于以现行法为主体的法律现象的认识、评价、情感和体验,并用此调节自己行为的各种意识现象的总称。大学生法律意识,即大学生群体对法、法律或其现象的观点和态度。大学生犯罪率的不断提升和大学生法律意识的淡薄密不可分,直接影响我国法治社会的建设。

一、大学生法律意识及诉讼心态研究的重要意义

(一)大学生健康发展的需要

大学生作为接受高等知识教育的群体,虽然有着高层次的知识结构和文化素养,但是近年来大学生犯罪案件却层出不穷,在社会各界引发了热议。大学生遇事冲动、法律意识淡薄,导致大学生犯罪案件频发,令人唏嘘不已。

大学生心理健康问题是导致部分大学生走向犯罪道路的重要原因。根据近年来各类大学生犯罪案件分析，这些大学生法律意识淡薄，存有侥幸心理，他们或是心理素质薄弱，经不起波折，或是知法犯法，追求刺激，最终走向犯罪的深渊，断送了大好前程。因此，加强大学生的法律意识，可以使大学生在学习和今后的工作中有意识地用法律去规范自己的行为，形成健康的心理和人格，使他们在复杂的现实社会中始终保持正确的前进方向，健康地成长成才。

（二）维权的需要

随着信息化社会的发展，近年来有关大学生权益的诉讼案件和争议问题逐渐进入人们的视野。大学生的法律意识淡薄直接导致他们对权利的认识不够，对维权的有效途径也缺乏了解，无法很好地维护自己的合法权利。2014年10月底，中国青年报记者联合江苏高校传媒联盟大学生记者对142名有打工经历的大学生做了访谈调查，涉及42所高校，其中江苏省内21所高校111人，省外21所高校31人。本次调查显示，有超过一半的学生遭遇过交押金、被中介欺骗、拖欠克扣工资福利、拒付工资、超工时加班、拒付加班费等侵权行为，而其中能够成功维权的寥寥无几。在这些事件中，大学生一方面缺乏对自身合法权利的认识，在兼职过程中只注重待遇问题，而忽视了自己在其他方面应该享受到的合法权利，而且空有口头协议，没有书面依据，被受聘企业当作了廉价劳动力。另一方面，大学生没有足够的维权意识，对维权途径也知之不详，怕麻烦，要面子，担心维权成本高，在自己权利受到损害后，也多选择不了了之。

有关大学生的侵权案件不仅仅出现在日常兼职中，在他们受教育权、高校管理问题、就业问题等各方面都存在诸多的被侵权现象。因此，增强大学生的法律意识是保护大学生自身权利，促进他们依法做事、依法维权的重要基础。

（三）建设法治社会的需要

党的十八届四中全会提出了"全面推进依法治国，建设中国特色社会主义法治体系，建设社会主义法治国家"总目标。法治社会是和人治社会相对而言的，它是指国家权力和社会关系均按照明确的法律秩序运行，并且按照严格公正的司法程序协调人与人之间的关系，解决社会纠纷。大学生作为国家未来发展的希望和国家建设的主力军，他们接受了高层次的教育，有较高的文化素养，他们自身的法律意识以及法治心态将直接影响到我国法制宣传的力度和法治社会建设的进程。

二、大学生法律意识培养的途径

（一）加强大学生法制宣传教育

1. 合理开展法制讲座

开展法制讲座可以有效地提升大学生的法律意识，但大部分高校除"法律基础"课外，缺少其他渠道和形式的法制教育活动。大学里有各种讲座但法制讲座很少，而一场好的法制讲座往往能带给大学生强烈的震撼，引人发醒。学校可以以法制专题的形式，从与大学生密切相关的问题出发，定期给学生举办法制讲座，讲座的目的不应仅是简单的法律知识的学习和掌握，而应该从法制观念的教育，法律意识的培养、提高，诉讼意识的养成这些目的出发，通过高质量的法制讲座，提高大学生的法律素质和修养。

2. 以案说法

真实的案例能带给大学生更直观的感受，提升他们法律学习的兴趣。可以通过"以案说法"的方式对大学生进行法制宣传教育，使大学生从真实案例中自省、知法、懂法、守法，从而达到减少和预防犯罪的目的。高校可定期对学生犯罪案件进行通报，对学生犯罪的特点、原因进行分析，并邀请知名检察官带法进校园，用"以案说法"的形式对在校大学生进行法制宣传教育，同时制定相应的预防犯罪措施，营造良好的教育环境。例如某高校在开展"以案说法"活动时，采取了模拟互动的形式，活动中参与者依次抽取写有案例的卡片，依照顺序发表自己对案例的看法，并由法学院学生答疑，向大家介绍案例中涉及的法律条文及解决办法。这种活动既能增加学生的参与感，也能引发学生对法制的自主关注。

3. 自发宣传

每年的12月4日是我国的全国法制宣传日，在这一天，全国各地都会开展各种各样的普法宣传活动，意在提升广大人民群众的法制观念，提升人们遵纪守法的自觉性和运用法律维护自身合法权益的能力。这一天，在各大高校内也能看到普法的标语和开展的各种普法宣传活动。但仅仅一天的法制宣传并不够，一是主动参与其中的大学生极其有限，二是很多学生都是出于学校的安排，以完成任务为目的，并没有法制宣传的自觉意识。因此，在大学生的学习生涯中，还应该鼓励大学生主动传播法律知识，弘扬法治精神，提高大学生的参与度，引导他们自觉地去关注并学习法制法规，并将学到的法律知识宣传给更多的人，应用到生活的方方面面。

（二）在法制教学中强化实践环节

大学生的法制教育往往局限于传统的课堂教学形式，教育方式单一。就"法律基础"课而言，学习内容庞杂，但课时少，教师多采用理论说教的方式，实践环节少，造成课堂枯燥乏味，使得学生的法律知识仅仅是达到了应试的目的，在法律运用上仍然是一知半解，法律意识也依旧淡薄。因此，在开展传统法制理论教育的同时，还可以通过开设模拟法庭、组织学生庭审旁听、参观法庭监狱等形式让非法律专业的大学生能够以正确的心态看待法律诉讼，用正确的方式维护自身合法权益。

（三）为大学生营造良好的法治环境

良好的法治环境有利于培养大学生的法律意识。当前大学生法律意识淡薄，除了自身原因以外，法律保护缺位、依法维权路径不畅等也是导致当代大学生法律意识缺位的重要原因。

1. 制定法律法规，完善大学生法律救济途径

近年来，大学生兼职维权难的问题日益突出。由于经济原因，或出于锻炼的目的，大学生兼职已经变成大学生生活密不可分的一部分。但从现状来看，大学生已经被用工单位当作了廉价劳动力，相应权利却得不到有效保障，拖欠大学生兼职工资、扣押证件、违法收取押金、超时用工等问

题屡见不鲜,甚至大学生在兼职过程中的人身安全问题也得不到有效保障。究其原因,还是法律保护的缺位。大学生兼职没有用工合同,在劳动法中也得不到相应的保护,在权利受到侵害时,缺乏有效维权途径,维权难,以致很多大学生自动放弃了维权,对运用法律武器维权抱有不信任态度。

2. 加强网络监管,完善网络立法,净化网络环境

随着科技的进步,网络作为信息的重要媒介和载体,发展迅猛,大学生是网络环境的主要受众群体,他们日常的学习、生活、交往皆已离不开网络,网络环境对大学生的影响非常大。由于网络自由包容的特性,各种网络侵权及违法行为屡见不鲜,大学生的法律意识和行为也在这种影响下容易出现偏差。因此,完善网络方面的相关立法,提高网络环境下的执法能力,加大网络监督监管力度都显得十分必要。

大学生是建设社会主义法治国家的中坚力量,提升大学生的法律意识任重而道远,这不仅需要他们自身的努力,还需要学校、家庭、社会的共同支持。因此,应当培养大学生依法办事的习惯,树立他们权利和义务相一致、法律面前人人平等的观念,让他们学会用法律的武器维护自身的合法权利,避免走向违法犯罪的深渊。

第二节 自媒体与大学生法律意识

随着我国网络技术的普及式发展,自媒体时代也逐渐到来。可以说,自媒体不仅可以作为人们交流与沟通的主要工具,同时也可以成为各种宣传发展的主要阵地。自媒体时代的到来,使大学生法律意识培养的主要途径变得更广,但是同时也存在着一些不利因素。本节主要从自媒体时代大学生法律意识存在的发展机遇出发,深入分析自媒体时代大学生法律意识存在的主要问题,进而提出自媒体时代加强大学生法律意识培养的相关建议,更好地提高大学生的法律意识。

网络科技的迅猛发展,伴之而来的是自媒体时代的到来。对于大学生

来说如何充分利用这一平台,促进个人的全面发展显得尤为重要。在自媒体时代,大学生容易受到各种信息的影响,如果不能对这些信息的真伪进行及时的辨别,就会造成大学生法律意识问题的出现,进而阻碍大学生自身的发展。可见,加强大学生法律意识的培养,在自媒体时代显得尤为重要。

一、自媒体时代大学生法律意识存在的发展机遇

自媒体也被称作公民媒体,2003年7月由美国学者谢因波曼与克里斯威理斯提出。他们将自媒体定义为普通大众经由数字科技强化与全球知识体系相连的一种途径,是普通大众提供与分享他们自身的事实或新闻的途径。自媒体平台在不断发展中依照其发展的交互性与自主性的特征,进一步使新闻的开放性与自由度得到有效的提高,使得传媒生态发生了巨大变化。大学生群体作为自媒体发展下的受众群体中的重要组成部分,整体的思维方式、所追崇的价值观念与具体的行为方式都有着较为深刻的变化。可见,自媒体时代的发展,使得大学生法律意识的养成和发展得到了前所未有的机遇。

(一)自媒体时代大学生接收法律知识的方式更加简单

随着自媒体的发展与相关的移动互联技术的发展,学习的方式变得更为简单,有关政府公告、学术动态或是社会新闻等的获取变得更为便捷,大学生可以依据自己的需要进行便捷化的信息浏览。同时,大学生自己也可以通过使用一些便捷的软件如微信、微博与QQ等进行平台间的信息传播,实现资源共享与热点讨论等功能。这对大学生来说,不仅可以进一步增加其自身的学识,还可以开阔其眼界,并在潜移默化中不断影响着大学生自身的内在思维方式。通过这些自媒体平台,大学生可以在第一时间获取相关的法律热点的资讯,及时了解到最新的法律法规与各项方针政策。

近年来,随着自媒体的逐渐发展与成熟,相关平台页面的设计也更加简洁,具体参与程序也在逐渐发生着简化,相关的推送也更加人性化,进而使得大学生获取各种新闻资讯与法律信息的方式变得更加简单。

大学生可以充分利用茶余饭后的时间获取所需要的具体信息,并可以

在短时间内进行必要的信息传递,进而实现相互间的信息共享。通过这种方式,可以充分利用自媒体平台的优势,有针对性地设置热点讨论与相关法律知识竞答等较为轻松便捷的方式来吸引大学生注意,引导大学生进行观点性的表达。不仅抒发了其自身的情感,同时还可以提出自己的看法与意见,进一步为大学生良好的法律意识的养成,提供一种更为和谐与开放的法律氛围。

(二)自媒体时代大学生接受法律知识的行为更加主动

作为社会主义事业的重要建设者与接班人,大学生自身有着较为浓厚的爱国主义情怀与责任感,而自媒体的发展不仅为大学生提供了一个较为宽泛的自我观点表达与诉求的网络发展平台,还使得大学生的主体地位逐渐提升,整体的法律意识逐渐增强。自媒体平台具有发展的交互性与自主性,这也使得新闻的发展与参与性得到显著提高,使得传媒的整体生态方式发生了根本性的改变。

(三)自媒体时代大学生接收法律知识的渠道更为广泛

自媒体的主体拥有参与广泛、有较快的传播速度等优势,为大学生群体提供了更为便捷的知识获取平台。加之大学生群体具有较强的参与意识、学习时间相对自由、知识积累方式更为便捷,因此大学生可以有效地掌握法律新闻等资料。此外,自媒体的飞速发展也为与大学生相关的法律热点知识等提供了更为便捷的获取平台。对于大学生来说,其也可以根据自己的个人喜好选择更加符合自身需要的自媒体平台,并通过在不同的自媒体平台发布与获取相关的信息,参与到相关资讯的探讨之中,可以更为及时地发表自己的看法与参与评论等,不断增强大学生的学识与修养。

二、自媒体时代大学生法律意识存在的主要问题

(一)大学生法律意识观念相对淡薄

随着自媒体时代的发展,大学生法律意识的培养更加受到社会各界的广泛关注,各高校也在加强对大学生的相关法律知识的教育。在当前法律

环境平等发展的条件下，只有掌握更多的相关法律知识才能更有效地保障大学生自身的合法权益。现阶段，大学生由于受到国家相关法律宣传与高校课堂教育发展的影响，开始意识到加强法律知识的学习越来越重要，加之社会对大学生整体的综合素养要求越来越高，大学生只有掌握相关的法律知识，加强自身的法律修养，才能够更好地提高自己的市场竞争力。虽然大学生已经意识到学习相关法律知识的重要性，但是大部分的大学生并不能够很好地利用相关法律知识规范自己的行为方式，尤其是遇到一些校外纠纷时，大多数大学生不能够充分利用法律知识这一武器来保护自己。在多数大学生中，了解法律知识只为不触犯相关的法律，如不杀人、不放火等。这种对于法律知识的了解较为片面。此外，还有部分大学生认为违法就是一种犯罪行为，这也存在认知上的偏差。因为违法只是违反了国家的法律法规，而犯罪则是指触犯了《中华人民共和国刑法》的相关规定。

（二）自媒体平台的监管方式不尽完善

随着计算机网络技术的飞速发展，在自媒体平台的发展中还存在着监督与管理等方面的问题。大学生是自媒体平台的主要受众群体，如果自媒体平台在发展中存在着平台管理人员管理不善与道德缺失等现象，更加不利于大学生法律意识的养成式培养。加之现代社会的快速发展，一些媒体人开始注重点击量，并将其作为衡量相关新闻信息价值的重要指标，为了制造更大的社会舆论，利用大学生强烈的好奇心，通过强化与歪曲一些法律特点，更有甚者利用一定的虚假报道，造成大学生法律知识的偏差性认知，对大学生法律意识的养成会造成更为不利的影响。自媒体的监管力度不够，大学生容易无意识地受到媒体人的错误影响，在没有完全了解具体事实真相的情况下肆意发表相关评论，容易造成网络暴力等现象。而一些没有自制力的大学生容易受到虚假报道的影响，可能会落入一些圈套中。这就需要国家加强网络监督与管理。

（三）自媒体时代网络犯罪花样百出

随着我国经济发展实力的不断增强，人们所面对的现实压力也越来越大，一些大学生难以抵挡金钱与欲望的诱惑，常会通过互联网进行一些相关的违法犯罪活动，进而满足自身的欲望。在网络发展中存在着各种新形式的诈骗行为，针对大学生的网络诈骗行为与方式更是花样百出。因此，应增强大学生自身的法律防范意识，避免大学生受到网络诈骗与网络诱拐等具体犯罪行为的影响。

三、自媒体时代加强大学生法律意识培养的相关建议

（一）增强网络媒体的监管力度

大学生中存在的一些法律观念与意识淡薄等问题，生活中较难做到正确运用法律手段来维护自己的合法权益。为了进一步提高大学生的教育质量，使大学生树立起正确的法制观念，高校应加强对自媒体平台的选择应用。这就要求政府加强对自媒体平台的有效监督和管理，更加重视互联网的发展，进而保证互联网用户的根本权益。由于我国当前的相关法律法规中存在着灵活性不足的现象，并且还稍落后于网络技术发展的速度，这就要求国家加强对自媒体平台发展下互联网法律法规等体系的建设与完善。此外对运营商而言，也应加强对自媒体平台所发布的相关信息的政治审核，对于一些敏感性的内容做好必要的控制。对高校来说，更应加强对大学生日常网络行为的规范，让学生在自媒体平台充分学习相关法律法规知识的同时，还应使其自觉主动地遵守相关的法律法规，在此基础上为进一步培养大学生的正确法律意识提供必要的条件。

（二）加强校园网络平台的发展与建设

对高校来说，要想加强校园网络平台的发展与建设，就需要通过一定的技术手段来加强校园网络平台等相关法律法规知识的推广，进而做好学生的法律意识培养等具体工作。一方面，高校应有针对性地对微博与微信等自媒体进行必要的监管，强化不良信息的屏蔽，使大学生得到相应的保护与正常的发展。另一方面，高校还应加强与自媒体平台的发展互动，进而实现高校和学生间的及时联系，使学生在充分掌握法律理论知识和相关实践知识的同时，达到全面发展的最终目标。

（三）提高大学生自身的媒介应用素养

媒介应用素养主要是指人们在正确面对媒体信息时所呈现出的选择能力与理解能力等，这就需要人们对相关的媒体信息拥有一定的质疑与批判能力，主动提高抵制不良媒体诱导的能力。从当前自媒体的发展来看，我国有关媒介应用素养的教育体系还不完善。多数大学生不愿意受到有关媒介应用素养教育等的影响，进而导致一些大学生的媒介应用素养难以得到有效的提升。因此高校应加强相关媒介应用素养方面的教育课堂设置，可以采用举办相关讲座与比赛活动等方式，正确地引导学生积极主动地参与到有关媒介应用素养的教育中去。大学生只有提高媒介应用素养，才能够有效地利用自媒体平台，降低不良信息等的干扰。

随着自媒体的发展，大学生逐渐成为自媒体平台的主要受众群体。由于受到信息爆炸式的影响，加之大学生自身的媒介应用素养不够完善，其法律意识有待提高。只有深入分析自媒体时代大学生法律意识存在的主要问题，在此基础上提出自媒体时代加强大学生法律意识培养的相关建议，并有针对性地执行，才能更好地提高大学生的法律意识，促进大学生更好地发展。

第三节　思政教学中的大学生法律意识

众所周知，随着我国社会的发展，建设一个富强、民主、文明、和谐的法治社会已经成为全体人民的共同心愿。而我国的改革开放、经济建设乃至中国特色社会主义事业发展的伟大实践，为当代大学生展示才华、实现理想提供了广阔的舞台，也对大学生的思想道德修养和法律素质提出了更高的要求。这就要求当代大学生必须在思想政治工作中不断培养自己的法律意识，提高自己的道德修养，明确自己肩负的历史使命，将自己的人生选择与时代要求和国家的需求结合起来，努力成为国家和社会的有用之才。

大学生是国家宝贵的人才资源，是民族的希望、祖国的未来，肩负着人民的重托和历史的责任，大学阶段也是人生发展的重要时期，是世界观、人生观和价值观形成的关键时期。大学生在思想政治工作中如何处理权利和义务、自由和法律、学习和工作之间的关系，是每个大学生都会面临的重要问题。大学生若能在思想政治工作中实现法律意识的培养和思想道德素质的提高，将会极大地提高其自我修养，并促进德智体美的全面发展，成为实践社会主义核心价值观最积极活跃的群体。

一、大学生思想政治教育工作面临的问题

在高校的大学生思想政治教育工作中，缺乏对大学生法律意识的培养，严重地影响了大学生良好法律意识的形成，在出现法律纠纷的时候，导致大学生处于劣势地位，对大学生非常不利，也影响了大学生的长远发展。具体分析如下。

（一）大学生缺乏维权意识

当代大学生缺乏维权意识是大学生思想政治工作中面临的首要问题。由于大学生群体长期生活在象牙塔中，消费来源以依靠父母为主，社会经验相对匮乏，与此同时，许多不法商家针对大学生这一特点采用各种办法侵犯他们的消费权益，很多大学生已经习以为常，这进一步导致了他们的维权意识淡薄。随着民主法治社会建设的推进，大学生的维权意识不断增强，维权的呼声也越来越高。但是，由于大学生群体维权起步较晚，规范性较差，缺乏相应的制度和法律保障，缺乏相应的社会性支持，使得他们整体维权意识仍旧较为淡薄，维权活动并不普遍。

（二）高校处理学生纠纷缺乏法治精神

高校处理学生纠纷缺乏法治精神是大学生思想政治工作中面临的第二个问题。大学生是一个庞大的群体，学校在管理时存在很大的难度。加之，当前部分高校的相关教育和制度相对滞后，在处理学生纠纷时缺乏一定的法律精神支撑，这样一来，学校在处理学生纠纷时就可能会引发学生的不

满，甚至可能引起一些恶性事件。道德和法律具有不同的价值追求和信仰标准，道德不能完全代替法律，法律也绝非道德。高等院校要大力倡导法治精神，这是未来社会的必然要求。因此，加强运用法律的手段处理师生以及学生和学校之间的矛盾、纠纷，是刻不容缓的时代要求，也是高校获得长远发展的必然选择。

二、加强大学生法律意识教育的现实意义

（一）有助于提高大学生的思想道德和法律素养

现阶段，高校在大学生的思想政治工作中开展法律意识培养时，是以马克思基本理论法律基础课程作为基础的，旨在用深刻的哲理和各个方面的综合知识来武装大学生的头脑，对大学生进行理想信念、爱国主义、人生价值、道德修养和法律基础等多方面，实施综合性教育。这样能使当代大学生不断提高自身的思想道德修养和法律素质，在民主法制进程不断加快的今天，思想道德修养和法律意识较高的大学生更有资格成为未来时代的主导。

（二）有助于促进大学生德才兼备、全面发展

在世界经济一体化程度不断深化的趋势下，国际资本市场全球化的进程加快，知识经济飞速发展，在这样一个充满竞争和变革的社会里，大学生就业压力巨大，就业情况不容乐观。若想在激烈的竞争中脱颖而出，必须符合党和国家"立德树人"的要求。针对大学生开展法律意识的教育有利于大学生不断加强法律意识，实现自身的全面发展，成为一个新时代德才兼备的大学生，在激烈的竞争中脱颖而出。

三、培养大学生法律意识的路径

鉴于培养大学生法律意识的重要意义，在实际的思想政治工作中，教师应该利用多种途径和多种策略来科学地培养大学生的法律意识，全面提高大学生的法律意识水平，进而为大学生未来的长远发展打下坚实的基础。

（一）突出法律基础课的重要性，着重培养学生的法律意识

目前，"思想道德修养与法律基础"是高校为当代大学生开设的必修课，可见其重要性。这一课程是一门融思想性、政治性、知识性、综合性和实践性为一体的课程。为了提高大学生的法律意识必须始终重视这一课程，有效开展马克思主义世界观、人生观、价值观、道德观和法律观的教育，帮助大学生提高思想道德素质与法律素质，成长为德才兼备、全面发展的社会主义事业的合格建设者和可靠接班人。

（二）在高校中开展广泛、扎实的法律教育

为了培养大学生的法律意识，应该在各个高校中广泛而又扎实地开展相关法律教育。为了达到这一效果，学校首先应该开设各类法律相关课程，积极传播法律知识，将培养大学生的法律意识作为对大学生的素质培养的组成部分，重视并积极培养大学生的法制思维。其次，在相关法律课堂上，相关人员应强化案例教学作为主要形式，以分析案例的形式来帮助学生培养正确的法律思维，使学生对法律产生浓厚的兴趣，进而主动地去学习相关的法律知识，培养其自身的法律意识。最后，学校还应该丰富法制教育活动的形式，突破课堂的局限，将法制和法律渗透到大学生的学习、工作和生活当中。例如，举办法律知识讲座、法律知识竞赛、法律知识趣味问答、模拟法等活动，为大学生从多种渠道了解法律知识提供便捷条件，使大学生能够真正地生活在法律制度的架构之下，使其拥有正确的法律意识，从法律的立场出发，正确地思考和认识社会。

（三）加大依法治校的力度，树立以学生为本的教育理念

除了以上两点，为培养大学生的法律意识，学校还应积极贯彻"依法治校"的理念，坚持"以人为本"的原则，为大学生营造一个良好的法制氛围。因此，学校首先应该加强制度建设，实施依法行政；在宪法和法律允许的范围内和教育行政法规、教育行政部门相关的要求下建立健全相关规章制度，完善学校的管理制度；促进学校形成良好的校风、教风和学风。其次，加强学校教职员工的法制教育，提高其法律素质，提高教师法律素

质，抓好法制教育队伍建设，普及学生法律知识，抓好法制教育宣传。再次，学校还应该推进民主建设，完善民主监督，开展民主生活会，提高领导干部素质，开展社会评价，完善学校管理，实行校务公开制度，确保各项工作公开透明。最后，学校还应当严格教师管理，维护教师权益，完善学生管理机制，保护学生合法权益，体现以学生为本的教育理念。高校以法制的观念来管理学校，能够为学生示范构建一个重制度、重程序、重平等、重自由的法制氛围，实行制度管理、依法治校，在培养大学生法律意识的同时，也使得校园文化氛围更为浓厚，给学生提供了一个良好的学术氛围，有利于大学生的全面发展。

上文对大学生思想政治教育工作面临的问题，加强大学生法律意识教育的现实意义以及培养大学生法律意识的路径进行了简单介绍，希望对相关人员有所帮助。当代大学生是祖国未来的希望，大学生只有正确地确立和践行社会主义核心价值观，适应社会主义市场经济发展的要求，满足社会主义先进文化建设的要求以及满足现阶段社会主义思想道德建设和社会主义法治国家建设的要求，才能引领时代的发展，实现自身的长远发展。

第四节　大学生科技创新知识产权法律意识教育

高校科技创新对我国经济社会的发展发挥着重要作用，大学生作为高校科技创新的主要力量，应具备良好的知识产权法律意识。由于我国高校对知识产权教育不够重视，未能科学合理地设置相关课程，导致我国大学生对知识产权的认知程度不够深入，知识产权的保护意识匮乏。为提升大学生科技创新的知识产权法律意识，高校应当充分贯彻我国知识产权战略，加强知识产权保护宣传与教育力度，在校内营造良好的法制氛围，并全方位实施思想政治教育课程改革，注重对大学生知识产权法律意识的全面培养，同时结合社会力量提供良好的外部环境，加大对侵权行为的打击力度，构建良好的法制社会氛围。

随着经济全球化和世界性科技进步的迅猛发展，科技创新对一个国家的经济社会发展发挥着越来越重要的作用。党的十八大报告中明确提出"实施创新驱动发展战略"，强调把科技创新摆在国家发展全局的核心位置，同时实施知识产权战略。作为激励科技创新、维护创新者合法权益的重要保障，知识产权法律制度已日益成为影响国家经济发展的关键因素。

大学生作为国家未来发展中科技人才的主要力量，应具备良好的知识产权法律意识，在治学的过程中既尊重他人劳动成果，也善于保护自己的合法权益。然而，目前我国大学生对知识产权的认知程度并不深入，更加缺乏知识产权的保护意识。我国高校对学生的知识产权法律意识教育，还存在诸多的缺陷，应当在对大学生进行政治思想教育的过程中注重法治教育，尤其是知识产权法律意识的培养，避免科技成果投入市场之时即是侵权行为的开始，注重提升大学生知识产权保护意识。

一、大学生科技创新知识产权法律意识的内涵及现状

（一）大学生科技创新知识产权法律意识的内涵

意识指的是人的自觉的心理活动，包括认知、情感和意志三个阶段，人们对事物的认识越为深刻，越能掌控其行为。作为社会意识的重要组成部分，法律意识的培养在引导公民遵守法律，维护社会秩序，实现社会发展中发挥着至关重要的作用。近年来，我国在知识产权领域出现了大量的国内外侵权纠纷案件，这不仅严重影响了公民的个人生活，也给企业、国家带来诸多不便和巨大的损失，而该现象的频现往往是因为公民知识产权法律意识的薄弱。不注重保护科技成果，不仅会影响科技成果效能的发挥，还会打击创新群体的积极性，从而形成恶性循环，严重影响科技创新，不利于社会的长远发展。

作为科技创新的主力军，大学生不仅应当精确掌握专业知识，也应当增强保护知识成果的法律意识，借此避免知识成果被剽窃或外流。大学生科技创新知识产权法律意识，指大学生这一群体在科技创新过程中的知识

产权保护，乃至认识、情感和意志等主观因素的总和。具体包括三个层次：首先是对知识产权相关法律基础知识的认知与把握；其次是对相关法律制度的评价以及对国家知识产权战略的认可；最后是运用知识产权制度约束自我行为，避免侵害他人知识产权等侵权行为的发生并运用法律维护自身的合法权益。因此，高校在对大学生进行政治思想教育时，不仅要涉及知识产权基本知识的传授，还应注重加强学生对知识产权法律制度情感与意志方面的提升，从培养大学生创新意识、诚信意识、法律保护意识等各方面，引导其形成符合发展科技创新需要的知识产权法律意识。

（二）大学生科技创新知识产权法律意识现状

为了更好地了解当代高校大学生知识产权意识现状，笔者采取调查问卷的方式来获得数据并进一步做出分析。本次调查对象为吉林省长春市高校的学生，共发放问卷500份，收回有效问卷495份。本次问卷内容主要涉及知识产权基本知识的把握和获得知识产权知识的途径，以及对侵害知识产权行为的看法等方面，比如"专利权的具体分类有哪几项""您是否购买过盗版产品""您一般通过何种途径了解知识产权知识"。通过对调查问卷的整理分析，可得出以下几个结论：

1. 大学生对知识产权认知程度不够深

当代大学生的知识产权认知程度的调查结果并不乐观。如在"专利权的具体分类有哪几项"一题中，仅有50.91%的学生完全正确，其余的学生少选了发明、实用新型和外观设计中的一项或两项；再如在"以下哪些作品受著作权法保护"一题中，竟有49.49%的学生选错。我们还发现，大部分受调查对象都是在大学阶段才逐步意识到知识产权保护问题，而在了解知识产权的途径方面，大部分学生选择了从媒体认知，通过专业课程学习和了解知识产权有关信息的学生人数较少，这说明大多数学生的知识产权知识只能达到留有大致印象略懂一二的层面，这在一定程度上反映了高校知识产权教育的缺失。

2. 知识产权保护意识匮乏

大学生不仅应当具备基本的知识产权知识，更应当具备知识产权保护意识。但调查显示，大学生这方面的法律意识十分匮乏，法律意识价值取向十分模糊。虽然问卷结果显示85.25%的调查对象对知识产权问题很关心，但实际掌握情况并不乐观，在"您是否购买过盗版产品"一题中，仅4.85%的大学生表示自己从来不购买盗版商品，有25.86%的大学生表示经常购买，其余选择了偶尔购买；在"所在学校是否开展过有关保护知识产权活动"一题中，有77.78%的调查对象选择了否。这些数据都充分说明，表面上对知识产权问题十分关心的当代大学生对相关知识的掌握并不扎实，也很少切身参与到知识产权保护的实践活动中，知识产权保护意识十分匮乏。

二、大学生科技创新知识产权法律意识教育存在的问题及原因分析

（一）大学生科技创新知识产权法律意识教育存在的问题

高校对大学生知识产权法律意识的培养存在以下几方面的问题：

1. 知识产权教育普及面小

虽然国内多数高校的思想政治教育课程中包含了与法律意识相关的内容，但鲜有涉及知识产权方面的知识。从教育的范围和普及面上来看，除了法学和经济管理类专业，其他专业几乎没有将开设知识产权课程纳入教学计划，仅有少数高校将知识产权作为必修课程。多数大学生只是从课堂外的渠道获取零散的知识，即使有少量学生选取了相关课程，也只是对相关知识有了基本的了解，仍未全面把握当代中国的知识产权法律制度，缺乏思考，导致其对知识产权保护的认识还不够深刻。

2. 知识产权教育层次偏低

当今知识产权教育最为普遍的问题体现在层次偏低，教学内容和方式过于单一，只重专业知识培养而轻法律意识培养。知识产权涉及法学、经济学等多门学科的知识体系，但各高校对于知识产权的教育缺乏学科交流，所开设的课程往往只与本专业相关，导致学生相关知识结构单一。针对非专业学生，更多高校开设的课程仅仅从法律规定的角度入手，极少涉及其

他内容，更别说对学生实践技能的培养。此外，我国高校缺乏对关于知识产权法律制度与国家政策最新动态的宣传，导致大学生难以紧跟国家相关政策的最新动态。

3. 缺乏专业的师资队伍

知识产权涉及多门学科知识的融合交叉，要学好知识产权即意味着需要文理兼备、法律与科技并举，同时对于经济学分析等方面的知识也要有所掌握。知识产权教学就更需要拥有多方面理论知识背景与实践经验的师资队伍。而我国目前文理兼备人才缺失，高校知识产权师资数量匮乏，结构也十分不合理，多数院校都是由无理工科专业背景的法学专业教师来讲授，甚至只是由思想政治教育老师在课堂中一笔带过，难以适应教学的实际需要。

（二）大学生科技创新知识产权法律意识教育存在问题的原因分析

造成大学生科技创新知识产权法律意识教育存在以上问题的原因主要有以下几点：

1. 高校重视程度不够

当今中国多数高校仅把知识产权当作一门单一的法学或者经济学学科，少有院校视其为复合型学科。高校领导对知识产权教育工作并不重视，缺乏对大学生知识产权法律意识进行培养的长远且系统的规划，没有把大学生的知识产权法律意识教育纳入学校的日常教育工作中，在校内并没有通过知识产权这门学科建立起学生对于知识产权的认识，也没有开展相关宣传活动，进而未能形成尊重知识产权的良好氛围，从而影响了大学生知识产权法律意识的培养。

2. 课程设置不合理

高校相关课程设置的不合理导致未能产生应有的效果。首先，各高校的大学生法律意识教育边缘化倾向较为突出，多数院校都不够重视法律意识教育，授课老师往往由于课时有限只能对基本的法律知识作简要介绍，科技创新知识产权法律意识教育更是在课堂上一笔带过。其次，多数院校只是将知识产权的相关教育纳入法学、经济学等基础学科中,在思想政治教育课程等公共课程中少有体现。这样的课程设置也导致科技创新知识产权法律意识教育仅仅在法学、经济学等专业的学生中开展,知识产权教育对非法学专业的学生来说仍有一段距离。

3.社会氛围不足

首先,人们往往认为提升知识产权意识是企业的事,并不是高校应该关心的问题。在政策上使得高校在大学生科技创新知识产权法律意识教育方面毫无压力与动力。由于实施知识产权战略周期过长、获取成效过慢,相关部门也没有将大学生科技创新知识产权法律意识教育放到应有的位置。其次,社会未能营造良好的知识产权保护氛围,现实生活中仍存在大量商标假冒、销售盗版制品等现象,大学生的经济实力不足往往导致其无法抵制盗版产品价格低廉的诱惑,反而更助长了侵权行为的发生。

三、加强和改进大学生科技创新知识产权法律意识教育的对策研究

(一)高校充分重视知识产权教育,营造法制氛围

作为培养科技创新人才的主要阵地,高校应当担负起培养大学生知识产权法律意识的责任。首先,各高校应将知识产权教育纳入学校的日常教育工作中,不仅针对法学、经济学等与知识产权有密切关系的专业开设课程,还应将知识产权课程纳入其他专业的必修课程中。其次,高校应当定期举行知识产权保护的宣传活动,比如在各教学楼摆放展板宣传基本的知识产权知识,定期举办知识产权答题竞赛,还可邀请专业老师开设专题讲座,定期组织学生举办知识产权座谈会等,校园网站也应及时发布知识产权保护的典型案例,从各方面努力营造良好的知识产权学习氛围。最后,各高校应当加强制度建设,进行规范管理,严厉打击学术不端行为,加强学风建设,杜绝高校师生实施侵害他人知识产权的行为。高校必须将知识产权教育放在独立的位置上,从每一处细节着手,全方位地将知识产权课

程和实践合理安排给每一位大学生,建立起长期、全面的知识产权法律意识教育机制,营造良好的法制氛围。

(二)高校全方位实施思想政治教育课程改革

各高校还应当实施思想政治教育课程改革,科学课程的结构设置,引导学生的知识产权认识由感性上升为理性,增强大学生创新的主动性与积极性。首先,高校应当注重知识产权学科的专业教师队伍建设,一方面加强知识产权法、知识产权经济学等专业学科的交流。另一方面对思想政治课程的授课老师进行培训,保证其能够正确引导学生树立知识产权法律意识。其次,在课程的设置上,针对知识产权相关专业的学生,应当设置交叉性的学科,注重培养复合型人才;针对非知识产权相关专业的学生,应将知识产权相关课程纳入思想政治教育系统中,分配足够的学时对学生进行知识产权专题教育。再次,在授课内容上,不仅应包括知识产权法律制度的基本内容,还应注重大学生知识产权法律意识的全方位培养,包括知识价值意识、创新意识、诚信意识和法治意识,使其认识到知识的价值性,鼓励学生进行创新,避免刻板地模仿复制,引导学生在治学过程中既尊重他人的劳动成果,又善于保护自己的合法权益。最后,在授课方式上,在讲述理论知识之余老师应当采用多种方式加深学生的理解和运用,比如可以采取讨论典型案例的方式提高学生的兴趣,增加学生的参与度,真正发挥思想政治教育课的作用。

(三)加大侵权行为打击力度,构建良好社会氛围

提升大学生的知识产权法律意识,还需要社会提供良好的外部环境。首先,政府应增设公民参与的知识产权保护渠道,加强守法宣传,同时加大对商标假冒、销售盗版制品等行为的打击力度,引导公民自觉抵制非法出版物等侵权产品。其次,政府相关职能部门应做好高校知识产权教育的监督工作,同时加强与高校的联系,定期派专业人员到高校进行普法宣传。最后,充分利用报刊、电视、广播、互联网等媒体的力量,设立知识产权专题栏目进行普法宣传,同时充分利用每年的知识产权宣传周,在全社会

范围内开展尊重和保护知识产权的相关活动，引领社会知识产权意识的整体提升，从而形成良好的社会氛围，充分调动科技人才进行科技创新的积极性和主动性，切实贯彻党的十八大提出的"实施创新驱动发展战略"。

第五节　公民意识视域下的大学生法律教育

公民意识是法治社会必不可少的元素，大学生作为我国依法治国与和谐社会建设的重要力量，公民意识养成应当成为大学生法律教育的目标和重要组成部分。以公民意识为视角的大学生法律教育问题研究体现了时代价值，是建设社会主义法治国家的内在要求，契合了大学生法律课程的教学需要，是构建适合中国特色的大学生法律教育体系的需要。

在中国，法治社会已经成为时代的必然选择，而公民意识不仅是我国法治社会形成的内在驱动力，更是建立法治社会的重要前提。大学生公民意识的养成已成为高校法律教育的主要目标之一。

一、大学生法律教育与公民意识之间的关系

法律教育包括法律的职业教育和法律的普及教育，前者旨在培养法律领域内的专门人才，后者致力于普通国民的法律教育。目前，我国的法律教育重点在于法律专门人才的培养，对于普及公民的法律意识及素养方面不够重视。公民意识是公民对自身的政治地位和法律地位、应履行权利和应承担义务的自我认识。公民意识与大学生法律教育有着紧密的联系。

公民意识是大学生法律教育的主要目标之一，大学生法律教育是公民意识培育的重要方式。一方面，法治社会内在地包含着公民意识，大学生法律教育能使当代大学生树立起正确的公民意识，最终成长为一名合格的公民。公民意识的形成必须通过一定的方式来完成。学校通过普及法律理论知识，让学生掌握法律知识，形成法律意识，使大学生对自己的公民角

色产生心理认同，促进大学生公民意识的养成。两者相互影响、相互促进。另一方面"法律教育的基本内容表现在大学生是否养成了公民意识"。大学生法律教育的过程也是公民意识形成的过程。如果大学生法律教育的方式、方法等符合公民社会发展的需求，公民意识在未来就会得到提升，两者就会形成良性互动状态。

二、大学生法律教育存在的问题

重"思想道德修养"轻"法律基础"。在地位上，高校的法律教育主要是通过教材进行。课改后，法律基础部分的内容被压缩，比重减少且位置靠后。法学是一门体系庞大、内容丰富的学科，"法律基础"也只能体现出其最基本的框架，教师在教学时片面追求传授法律知识的容量，学生即便掌握了法律知识，从中体会到更深层次的法律思维和法治理念，法律教育最终也只能流于形式，无法达到预期的教育目标。

重理论轻实践。当前大学生法律教育大都局限于课堂教学，实践教学环节相对欠缺。法律教学方式基本是通过书本学习抽象的理论知识，并且课堂上的案例讨论本质上还是一种思想层面的理论推演，并未接触真正的实践。法律教育需要摒弃纯粹知识性教育的倾向，加强理论与实践的有效结合。法律是一门实践性很强的应用型学科，不能脱离实践，正如达·芬奇所言，"理论脱离实践是最大的不幸"。

重知识灌输轻观念培养。高校法律教育普遍存在注重知识灌输轻观念培养的现象。教师在授课过程中往往是急于赶进度，并未进行深入探讨，把大部分精力放在了讲解具体的法律知识上，学生在一定程度上也能真正学到知识，但只是知识的单向灌输，无法做到将法律知识升华到对学生法律观念的培养上。"法律教育既要传授系统的法律知识，更要探寻法律背后的义理和精神。"法律教育不能囿于法律知识的简单学习，要重视知识背后所承载的价值与理念。

三、解决大学生法律教育问题的路径选择

大学生法律教育的重点应当包括两个方面，一是掌握法律的基本理论与知识；二是形成正确的法律思维、公民意识，做合格公民。若要解决以上问题，达到大学生法律教育的预期效果，可以从以下三个层面进行改善。

法律教育的内容层面。教材是法律教学的前提，教材既是教师教学的依据，又是教师对教材的再次开发。虽然"我们不能简单地以教材篇幅大小来衡量法制教育的地位，不能机械地以课时多少来判断法制教育的分量"，但这些因素的重要性是毋庸置疑的。对于重"思想道德修养"轻"法律基础"的情况，可通过扫二维码等手段扩大教材知识储量。除了课堂教学，对于不同专业的不同需求，法律教学应当充分利用网络资源，将丰富的网络资源作为法律课堂教学内容的延伸。大学生将来都会迈入社会进入不同的领域，线上线下相结合的教学模式能让学生更深刻地理解如何规范自身行为以及维护自身的合法权益，树立正确的权利义务观，形成正确的公民意识。

法律教育的主体层面。高校法律教育的主体是学校和教师。第一，学校层面应重视大学生法律实践环节的锻炼。加强校外实践，与当地法院、律师事务所等建立联系，有计划地组织学生参加法院旁听、参观律所等活动，让学生在实践中更深刻地体悟法律的真正价值与意义。第二，提升教师专业素养。重点提高本校教师的法学教育水平，对于开设有法学专业的院校而言，利用本校优势提升非法学专业教师的整体水平；对于未开设有法学专业的院校而言，可以聘请专业人士对任课教师进行强化培训，或实施法学人才引进战略，为增强法学师资力量注入新鲜血液。加强院校间的交流合作，通过交流互取所长，互相进步。第三，改进教学方法。课堂教学除传统的"灌输法"外，还可综合运用互动式、启发式和渗透式等特殊教学方法，在观念和意识上对学生达到潜移默化、润物无声的教育效果。

法律教育的对象层面。大学生作为高校法律教育的对象，是学校法律教育的核心。大学生应积极发挥主观能动性，主动融入法律学习当中，接

受法律的熏陶。要积极配合学校的法律教育活动，对于学校组织的实践活动要踊跃参与，对理论与实践相结合过程中产生的问题认真总结，多与老师同学进行经验交流，虚心接受别人的意见和建议，通过交流学习逐步形成自己的知识体系与法律价值观。

总之，大学生法律教育与公民意识的培养是一项长期而复杂的系统工程，但这是大学生法律教育必须坚持的发展方向，是我国教育体系中不可或缺的部分，对培养合格公民具有重要意义。随着法治社会的发展，大学生法律教育的地位愈显重要，相信通过各方的共同努力，大学生法律教育必将在新的征程有新的发展。

第六章 大学生法制意识理论研究

第一节 大学生法制教育中的问题与对策

大学生是未来中国特色社会主义的建设者和接班人，对其进行法制教育、增强其法律意识与法制观念是建设社会主义法治国家的重要环节之一。本节主要分析了大学生的法制与安全意识、大学生法制教育中存在的问题并提出了相应对策。

党的十九大报告指出，经过长期努力，中国特色社会主义进入了新时代，这是我国发展新的历史方位。习近平新时代中国特色社会主义思想重申全面推进依法治国的总目标是建设具有中国特色的社会主义法治体系、建设社会主义法治国家。大学生作为未来中国特色社会主义的建设者和接班人，应当具有法律意识、法制观念，做到"知法""学法"，并能够"守法""用法"。然而，近年来大学生犯罪率显著上升，且呈现逐渐低龄化的趋势；同时，大学生受骗、参与非法传销、陷入网贷纠纷的案例也日益增多。由此可见，现阶段大学生法律意识与法制观念亟须加强，大学生法制教育的推广与完善迫在眉睫。

一、大学生法制与安全意识存在的主要问题

大学阶段是大学生个体身心走向成熟的重要过渡阶段，其最主要的特点是个体的生理逐渐成熟或已完全成熟，而心理尚未成熟。受这一特点影

响，大学生往往缺乏防范心理与安全意识，容易受到外界影响或卷入不良事件中，主要表现为以下几个方面。

（一）法律意识薄弱，法律知识匮乏

大学生社会阅历不够丰富，思想、行为单纯，本就是不法分子的"关注"对象，再加上部分学生法律意识薄弱，对基本的法律知识缺乏了解，不能明辨是非，常常成为诈骗、非法传销的受害对象，例如近两年轰动全国的"校园贷"恶性事件，据统计，受害大学生遍及全国31个省、自治区、直辖市，人数超过11000人，占受害人群95%以上。除了贷款导致的巨额经济损失外，受害者连同其亲属、朋友均受到不法分子的严重骚扰、威胁、侮辱，造成了巨大的精神损害，更有50多名深受其害的大学生出现了自杀、精神抑郁、辍学躲避、离家出走等现象，给家庭和国家造成巨大损失。[①]

（二）情绪调节与自控能力较差

部分大学生尚处于青春期阶段，易冲动、情绪变化快、反抗心理较强，加之缺乏自我调节能力与自控能力，与同学产生矛盾或受不良事件影响，容易产生情绪失控或消极、极端行为，从而引发校园暴力、自杀、凶杀等恶性事件，造成不可挽回的后果。

（三）对法律缺乏信任，维权意识淡薄

当下不少大学生对法律缺乏信任，认为法律离自己的生活很远，是一个理论上的概念，很少加以践行；同时，也有学生误认为法律只是用来解决极端事件的工具，与自己无关。当自身的合法权益受到侵害时，往往难以想到甚至刻意避开使用法律维权，而是采取"认栽""人情关系""以暴制暴"等方式解决问题。这种思想与行为不仅导致受侵害者本身的权益受损，还对社会和谐稳定产生了不良影响。

二、大学生法制教育中存在的问题

随着高等教育的快速发展，法制教育作为素质教育中的一项重要内容

---

① 赵红旗.逾万名大学生深陷"校园贷"陷阱[N].法制日报，2018-09-04.

也得到了发展与普及，但现阶段高校法制教育并不完善，其存在的主要问题如下：

（一）教学形式单一、课程内容繁杂

现阶段大部分高校开展的法制教育均采用统一大课堂授课的方式，学生被动接受知识，同时，高校开设的"思想道德修养与法律基础"课程学时短、内容繁多，实际教学过程中教师很难进行系统、完善的讲授，学生也难以完全领会讲授的学习内容，除此之外高校几乎没有其他形式的教学指导与互动。

（二）法制教育不受重视、不成体系

高校对于法制教育不够重视：教学设施不完善；师资紧缺，很多教师并非法律专业出身，也未经过法律专业培训，法律专业化程度低；没有完整的法律教育教学体系，仅开设单一的讲授课程，没有实践环节，且课程往往集中在新生入学时期或大一期间，这些都会导致所开展的法制教育实效性差。

（三）学生接受度不高

现行的大学生法制教育仅仅停留在基础理论层面，只能为学生提供一定的法律基础知识，使学生勉强做到"知法"，但不能使其具备解决实际问题的法律技能。加之课程内容多而复杂，大多数学生以应付考试的心态完成学习，死记硬背，对课程也逐渐失去兴趣，对课程的重视度与接受度普遍较低。

三、大学生法制教育的改进对策

通过上述分析可见当前大学生法制教育还有待完善，如何加强改进，具体对策分为以下几点。

（一）转变法制教育理念，提高重视程度

高校应高度重视并有组织、有计划、有目的地开展大学生法制教育，

转变传统的法制教育从属于思想道德教育的现状,将二者科学结合,形成更为完整的法制教育体系。高校要将提高大学生法律意识与法制观念作为主要政治任务,教育、引导学生重视法制教育,树立法律信仰,培养学习兴趣,积极思考,"知法""守法"的同时强化"用法"的能力。

(二)改变教学模式,丰富教学方法

理论学习固然重要,但过于单一的形式会使学生丧失学习兴趣,使课堂失去应有的活力。高校可以采取更为灵活的教学模式,除课堂教学外开展专题讲座、知识竞赛、案例模拟、辩论赛等课外活动,培养学生学习兴趣的同时增加教师与学生的互动,调动学生的积极性,让学生拥有更多实践体验,强化其运用法律知识维护自身权利的能力,这也是法制教育的主要目的之一。

(三)强化师资队伍,完善教学设施

高校应扩大法制教育的师资队伍,主动进行学校间的合作与交流,使优秀教师的教学经验与有效的教学方法得到推广;提高教师团队专业化程度,吸纳法律专业优秀人才参与法制教育教学,组织教师参加法律专业培训,提高教师自身的法律素养;设立专门的工作室,为教学提供更多空间。

(四)充分利用网络等信息化平台,全面加强大学生法制教育

当前,社会处于网络时代,大学生接触、了解社会的方式也发生了很大变化,微信、微博等网络手段成了主要宣传手段和传播媒体,高校应充分利用网络的便利条件,推送法制新闻和典型案例,经常地、形象化地影响大学生的生活。典型示范历来都是法制教育的有效方法之一,要比纯粹的说理更具有生动性、直观性和实效性,也更具有说服力。

大学生是国家人才的储备力量,是国家未来的建设者与接班人,大学生法制教育关乎着社会主义法治国家的建设与社会的和谐稳定。高校应不断反思法制教育中出现的种种问题,积极改进法律教育教学方法,建立并完善大学生法制教育体系,引导学生树立法律信仰,帮助学生提高"用法"的能力,使其真正成为遵守法律法规、会维权、敢维权的合格公民。

第二节　法制教育与大学生就业指导融合

现代社会，经济形势引发的大学生就业问题日益严峻。在这样的背景下，越来越多的大学生因为缺乏法制意识，而导致在就业的过程中无意间违反了法律，或者个人的权益不断地受到侵害。因此，高校在就业指导时对于法制教育必须重视起来，加强就业法制教育是构建文明、和谐、稳定社会的必然举措。本节在分析当前高校就业指导中法制教育问题的基础上，提出就业法制教育的必要性及对策建议。

一、当前高校就业指导法制教育存在的问题

大学生就业问题是随着市场经济的发展而出现的特殊社会现象，并且日益得到社会各界的关注与重视，而因此衍生出来的高校就业指导法制教育的质量水平也受到学界和政府的重视。教育是立身之本，完善的就业指导是大学生走出校门，迈向社会的一剂强心针。但是目前来看，我国高校就业指导法制教育仍存在一定的问题。

（一）就业法制教育课程内容存在偏差

就目前多数高校的就业指导课程来看，其包含的内容多偏向于就业形势及就业信息，而忽视了法律知识的普及。首先，就业法治教育的课程设置大体分为两个层次，第一个层次属于前期准备阶段，我们称之为"职业规划"层次。这个阶段最重要的是培养大学生对于就业重要性的认识，以及如何积极、主动、有目的性地树立起个人的职业奋斗目标。第二个层次是就业指导阶段。在这个阶段，高校的主要职责是培养学生的就业能力，即各种职业要求的个人技能、知识等，使得大学生掌握基本的应试策略及技巧。但是在这两个课程设置中，仅在第二阶段涉及了很少一部分的法制教育的内容，从整体上看对大学生就业指导中的法制教育内容是存在偏差的。

（二）大学生法律意识淡薄

一是维权意识的淡薄。当大学生进入社会就业时，难免会遇到一些在校园里闻所未闻的事情，比如说就业陷阱、传销组织、不公平的劳动合约等。而许多大学生因为缺乏辨别的经验和能力，使得自己的权益在签约时受到侵害，又因为缺乏维权相关的法律知识，甚至会造成在个人合法权益受到侵害时仍不自知的可怕后果。

二是履行义务的意识淡薄。义务意识的淡薄比维权意识淡薄更为可怕，在校园内的失信于人同在社会、在工作岗位上的失信于人不可等同而语，不履行义务的后果是违约，而违约必然会触犯法律。

三是法律责任意识的淡薄。法律责任意识是指大学生在就业中违反法定义务后必须承担的后果。而许多大学生明知违法要承担严重的责任，但是对于承担何种法律责任，怎样承担责任却含糊不清，这体现的就是法律责任意识的淡薄。

二、当前高校就业指导法制教育存在的必要性

（一）有利于培养拥有健全法律素养的大学生

高校加强就业指导法制教育的工作有利于培养拥有健全法律素养的大学生。首先，能够扩充大学生的就业法律知识，使大学生充分了解与就业休戚相关的法律知识，包括作为劳动者可以享有的权利。

其次，有利于大学生知晓自己在就业时应该履行的义务。作为劳动者的角色在行使自己的权利的同时，也要履行个人义务，大学生在签订工作合约之后，要严格按照法律的明文规定履行自己的义务。

（二）有利于建立良性的劳动关系

近年来，国家越来越注重和谐社会的建设，而劳动关系是否为良性是和谐社会建设中一个重要的问题。

高校对大学生进行就业前的法制教育，有利于构建良性的劳动关系。就业方面的法律都是我国基本的法律法规，它们维护基本的社会关系，与

大学生的权益息息相关。对大学生进行法制教育，开展以"学法律、讲权利、讲义务、讲责任"为主要内容的法制教育活动，有利于规范大学生自身的行为，增强大学生的法律意识，提高大学生学法、守法、用法的水平，使其养成依法办事的良好行为习惯。

三、提高高校就业指导法制教育的策略

（一）将法制教育的课程内容同就业指导正确结合

就业法制教育的重点在于教学内容，但目前的教学内容存在偏差，涉及就业法制教育的内容过少，形式单一，不能融入大学生的日常教学中。因此，针对这一问题，高校应该避免形式主义教育，而是切实把就业法制教育内容融入大学法律教育的全过程中。

构建一个合理的法律课程体系，包括正式的教学计划和教学大纲，明确课程自身的价值理念。高校要做到知行合一的教学方式，既要重视法律理论知识的传授，又要组织相关法律活动使学生在实践中养成正确的法律行为。

（二）培养大学生的法治思想

大学生法治思想的培养是一个长期的过程，需要将课堂教学与社会实践相结合，逐步培养起学生的法律思维、法律习惯、用法能力、守法意识等。

其次，还要培养大学生的就业维权意识。在雇佣关系中，被雇用的大学生常常扮演弱势的角色，因而常常会发生大学生的正当权益遭到雇主的损害。而预防大学生维权困难的一个重要方法，是开展就业前维权教育。通过开展就业维权大讲堂等方式，借助案例直观地为学生讲解法律条例，采取组织讨论的方式，深化学生的维权行为将其变为本能。大学辅导员对于学生学习与生活负有直接的责任，因而需要加强对辅导员的法制教育培训进而能对学生进行就业指导。

第三节　大学生法治意识培养的内涵与路径

法治意识培养是大学生思想政治教育的重点和难点。法治意识作为复杂的意识系统，程序与规则意识是法治的基础，权利与义务意识是法治的核心，平等与公正意识是法治的灵魂。本节根据法治意识的内涵，借鉴法治意识形成机制，提出大学生法治意识培养的路径。

大学生的法治意识是良好风尚的体现，也是个人文明素养的重要表现。而大学生的法治意识培养与教育是思想政治教育的重点和难点。学校和社会都十分重视这项工作。党的十八届四中全会以"依法治国"为主题，明确提出建设中国特色社会主义法治体系，建设社会主义法治国家。法治逐渐成为社会关注的热点，法治社会建设迫在眉睫。大学生作为社会主义建设的接班人，祖国的未来，民族的希望，理应成为培育和践行社会主义核心价值观的重要群体。加大对大学生法治意识的培养，有利于大学生正确价值观的形成。法治意识是公民意识的重要内容之一，培养大学生的法治意识也是发展社会主义民主政治的重要基础，更是培养合格人才的形势所需。

一、法治意识的内涵

关于法治的概念，可谓见仁见智。亚里士多德在其著作《政治学》中对法治作出了阐释："法治应包含两重意义：已成立的法律获得普遍的服从，而大家所服从的法律又应该本身是制定得良好的法律。"笔者认为，公民法治意识是法律意识的最高形态，是符合法治社会建设要求的法律意识，是公民对依法治国等社会主义法治理念高度认同的一种意识，是公民对法治的认知、情感和行为倾向的总称。公民法治意识是一种比较复杂的社会意识系统，有一定的基本构成和内在逻辑关系。其中，程序与规则意识是基础，权利与义务意识是核心，平等与公正意识是灵魂。

二、大学生法治意识培养的内涵

(一)筑牢基础,培养大学生的规则意识

规则意识是在合乎法律和规则的基础上,按照一定的要求行事。增强大学生的规则意识,首先要使他们了解规则知识,熟悉相关流程,在学习和生活中注重良好行为习惯的养成,同时培养良好的规则情感。不良习惯一旦形成,改变起来就非常困难。因此,规则意识要及早培养,在不良行为习惯萌芽之前,使大学生能自觉按照一定的规章制度办事,进入社会之后才能有效地融入社会。其次,要对违反规则的大学生给予必要的惩罚,促使其遵守法律法规,维护社会和谐、安定和团结。

(二)着重增强大学生的权利与义务意识

只有明确权利和义务的具体内容,大学生才能在认知上重视,行动上有所体现。针对大学生权利和义务意识淡薄的现象,高校应该从宣传力度、维权途径、舆论氛围等方面加大对权利和义务的通识教育,同时介绍多种维权途径,鼓励大学生积极参与维护自身权利的实践活动。大学生朝气蓬勃,大胆创新,高校也可以充分发挥大学生的自我创新精神,鼓励大学生成立相关法律社团组织,充分锻炼自身的能力,提升个人素质。

(三)平等与公正意识是最高要求

平等和公正是人类永恒的追求,正是人们孜孜不倦地追求和努力,社会才会不断进步。平等和公正意识的培养需要有良好的制度保障。只有良好的制度,才能有效体现平等和公正的原则,合理地保护人民的利益。正是有了体现平等与公平意识的制度存在,才进一步加强了平等与公正的意识。两者相互促进。如果说良好的制度是平等与公正意识的基石,那么平等、公正的理念则是黏土,使得这座大厦变得更为坚固。大学生的平等、公正意识的培养显得十分重要。高校应充分发挥思想政治理论课的引领作用,将这些理念传递给学生,同时让大学生在生活中能正确运用,真正地平等待人,公正做事。

三、大学生法治意识培养的路径

服从、认同和内化是公民法治意识形成的三个必经阶段，每一个阶段都要有一定的条件和外界指导。要想有效培养大学生的法治意识，需要认真对其三个阶段的规律进行研究，帮助大学生实现这三个阶段的顺利转化。

（一）制定良法，完善校规校纪，树立制度的权威

外部因素在法治意识形成的起点具有关键作用，服从阶段是法治意识形成的第一个阶段，也是非常重要的阶段。大学生要遵守国家法律，在学校的学习生活中要服从校规校纪的制约，否则就会受到国家法律的制裁或学校校规校纪的处分。服从阶段只是对法律和相关校规校纪的表面服从，学生的主要行为是受到外界因素制约的。而在认同和内化的阶段，外部因素则发挥更大的作用。根据这一机制原理，社会需要完善良法，树立法律权威，学校也需要制定符合学生认知特点和发展规律的校规校纪，营造遵纪守法的良好氛围。因为法治的要义包括良法之治和法律必须得到遵守两个方面。法律制度是法治社会的核心内容，只有法律制度是良好的、完善的，才能符合法治的要求。如果法律的出发点是不好的，或者法律本身是专制统治的工具，那么这种社会就谈不上法治。学校在处理违纪违规学生事件时，应多听取各方面意见，综合学生多方面的表现，做到程序公正、证据充分、依据明确、定性准确、处分适当。树立法律的权威是法制宣传的有效方式，法治环境的营造对大学生法治意识培养具有潜移默化的影响。

（二）提高大学生的个人素质，调动大学生的主观能动性

法治意识的最终形成要依靠公民个人。从简单的被动服从到内化需要一定的时间。内化阶段的消化吸收关键是公民自身的素质和个人主观努力。因此应重视高校课堂在提高大学生个人素质方面发挥的重要作用，尤其是通识教育。首先要提高高校教师队伍的质量，严格把关教学质量，将具有时代性、前沿性的问题抛给大学生，培养他们的思维能力和辩证思维。只有大学生的文化素质在提升，他们才能更深刻地理解法治的内涵和精髓，才能够接受法治，形成法治意识。其次，通过人文关怀和心理疏导帮助大

学生形成积极乐观的人格。一旦大学生在人格方面出现问题，其行为就会偏离社会要求，不仅为大学生自身带来极大的痛苦，甚至严重的人格分裂会危及社会治安，最终为培养大学生法治意识带来不利影响。大学生思想活跃，创新能力较强，但也容易情绪激动，思想偏激，观点片面。要加大对大学生的思想引导，使其能正确看待社会上的热点问题和焦点问题，激发其认同、理解和接受法治意识的内在动力。法治是相对于人治的概念，是人类社会文明发展的必然结果，符合广大公民的切身利益。大学生是法治意识形成和受益的主体，我们要综合利用各种方式，调动大学生的积极性，加速大学生对法治意识的认同和内化过程。

（三）要加大普法工作的力度，营造良好的法治环境

马克思和恩格斯认为："人创造环境，同样，环境也创造人。"普法工作作为一项长期又系统的工作，是营造法治环境的最好途径。依法治国已写入我国的宪法，是我国的基本国策。生活中很多人遇到事情的时候，仍然是惯性思维，第一时间是想有哪些熟人，哪些关系，而不是想通过法律途径去解决问题。原因除了对司法公正不信任外，法律知识的匮乏，也是重要原因。因此高校应做好普法宣传教育，让大学生熟悉法律知识，内心信任法律，在长期的熏陶教育中认同法律，形成法治意识。法治意识形成的前提是建立良好的法律制度，但是宣传者也是大学生决定是否认同法律的重要依据。学校在开展普法工作时，要明确普法责任人，选拔一批具有专业法律知识，熟悉法律业务的资深老师担任普法小组成员，同时在人员结构上，应老中青相结合和专职兼职相结合。重视普法宣传工作，做实做微做心中。

其次，针对大学生这一普法工作对象，要不断创新宣传形式和宣传途径。在宣传形式上除了传统的法治宣讲、法律知识竞赛外，还可以将法律知识巧妙地融合于文艺创作中，如文艺表演、微电影，以大学生喜闻乐见的方式呈现。在宣传途径上，可以运用校园传统载体，如学校宣传报栏、校园网络、校园广播等，也可以利用新兴的媒介，微信公众平台、微博等，定期围绕法治热点展开讨论，发布一些前沿动态。同时将法律宣传与法律

服务、法律帮助结合起来，提高大学生运用法律解决实际问题的能力和水平。

最后，要创新普法教材的编写和发行工作，提高法治教材的影响力。法治教材要以大学生乐意接受的方式出版，并努力降低成本，减轻大学生的负担，以扩大普及率和影响力。

大学生法治意识的培养要靠长期的熏陶感染和内心认同。当代大学生鲜明的个性特征既是大学生法治意识培养的机遇，又是一个巨大的挑战。高校应充分抓住大学生的自身特点和兴趣，努力以大学生喜闻乐见的形式教育人、引导人、感染人，拓展实践途径和方式，帮助大学生实现理论与实践相结合。

第四节　大学生法制教育与思想政治教育的有效结合

大学生是否具有良好的道德品质和健全的法律意识体现出我国高校当前的教育质量，关系到未来社会能否健康发展。大学生作为天之骄子，更应具备优良的思想道德品质和法律意识。因而，在大学教育阶段，法制教育与思想政治教育的有效结合十分必要，本节旨在探讨大学生法制教育与思想政治教育相结合的路径和对策。

大学生既是祖国未来的接班人，也是社会发展的主力军。当前社会是法制时代的社会，只有培养好大学生的思想道德品质和树立健全的法律观念才能实现其自身的良好发展，从而推动社会的健康有序发展。近年来，高校扩招，大学门槛降低等因素造成大学生数量急剧上升，而与此相对应的是大学生整体素质下降，法律意识淡薄、就业难等现象已成为当今面临的问题之一，亟待解决。因此，对大学生的教育不能仅仅侧重于学业方面，还应高度重视其思想层面、道德品质、法律观念等方面的教育。大学生只有具备了以上这些方面的优势才能更好地适应社会的发展和竞争。

一、大学生法制教育与思想政治教育相结合的意义

（一）有助于提升教育效率

随着生活水平的提高，生活质量的不断提高，新时代的大学生不同于几十年前的大学生，尤其是城市长大的大学生，基本没吃过苦，可说是温室的花朵，父母的心头肉。在这样的环境中长大的大学生容易出现极端的心理扭曲现象。平时贪图享乐、相互攀比，不比学习，专比吃、穿、用等方面，网络炫富，校园霸凌事件的出现，都反映出当代大学教育和家庭教育的失败。因而，对大学生进行法制教育与思想政治教育势在必行。思想政治教育是对学生道德品质的良好引导，法制教育是制约大学生不良行为的有效手段，只有两者有效结合，才可使学生扩大法律法规的知识面，提高思想上的认识深度，从而约束自身行为，提升大学教育的效率。

（二）有助于提高大学生自身综合素质水平

大学生如果仅仅只是学业优异，但思想道德品质败坏，甚至做出违法乱纪的事情，这样的大学教育可说是非常失败的。当前，一些大学生毕业后不能自食其力，心安理得地在家啃老，这种"巨婴"的诞生与家庭教育的缺失和学校对思想政治教育的忽视都有着密切的关系。家庭对孩子的期望就是上名校、考第一，从小对孩子其他方面均未严格要求；学校重视的是升学率，因此对于不在教学考核范围的思想政治教育和法制教育始终未能引起高度重视，这些外因加上学生自身的内因就导致大学生素质低下。针对这种现象，高校应加以关注，将思想政治教育与法制教育视作大学生的必修课，将两者相互融合，渗透到对大学生的日常教育中，树立其正确的三观，以此来提高大学生的自身综合素质水平，为社会培养有用之才。

二、大学生法制教育与思想政治教育有效结合的路径和对策

以上我们分析了大学生法制教育与思想政治教育有效结合的重要意义，下文就二者有效结合的路径提出以下四点对策：

（一）创新授课方式与教学内容，实现二者的有效结合

我国的教育大纲对法制教育和思想政治教育的课程标准并没有固定的内容，高校在进行法制教育时可自主创新授课方式与教学内容，结合当地和学校的实际情况组织开展一系列的实践教育活动，将两者穿插进行，不仅能让学生参与其中，还可使学生在实践活动中获得深刻体验，既体验到思想政治的重要性，又体验到了法律的威严和公正性。同时，为实现两者的有效结合，学校可编制法制教育与思想政治教育相关内容的手册，内容可以是法制案例解析，防诈骗防盗窃识别方法，爱国主义思想教育，时事新闻，见义勇为、拾金不昧等好人好事，并对内容进行归纳分类，让学生学习后写出所思所想所悟。如此，学生的兴趣被有效激发，从而实现思想上的升华。另外二者的课程内容可相互穿插，紧密结合，使学生学习起来更全面细致。最后在学习的过程中教师应与学生建立平等良好的师生情谊，使学生感到教师不是高高在上，而是亦师亦友。教师在此过程中应细心观察学生的思想动态，及时发现不良的思想趋势，可与学生谈心、做朋友，感化学生，以巧妙的方式既不伤害大学生的自尊心，又能使其认识到自己思想上的错误，从而自我批评、自我约束。教师要以人格魅力来感染学生，使学生以积极的心态投入法律教育与思想政治教育的学习中去。

（二）以思想政治教育为基础，开展法制教育

法制教育和思想政治教育，都是教育的重中之重，同时也占据着重要的地位。纵观当今大学生犯罪现象，许多学生都是知法犯法，这是由于法制教育只能引导大学生，却不能杜绝大学生的违法犯罪行为。法制教育专家通过对大学生犯罪案例的大量剖析，发现走向犯罪道路的大学生不是不懂法、不知法，而是三观扭曲。如因道德丧失、价值观扭曲等原因而追求物欲，当私欲膨胀到突破道德的篱笆时，纵使再严厉的法律法规也无法阻止其在错误的道路上越滑越远。人们在社会中的行为不光受法律法规的约束，还要受到道德规范的引导。因而，可通过道德教育中的传统观念以及社会舆论来引导大学生形成正确的行为规范，以榜样的力量来树立大学生正确的三观。因此，法制教育的开展和推进可以以思想政治教育为基础来

进行。对于大学生知法犯法的行为，无法对其进行道德约束，学校有必要将法制教育与思想政治教育相结合，开展以思想政治为基础内容的教育课程，普及法律知识，灌输法制观念。

（三）通过二者的有效互动促进二者有机结合

在进行法制教育与思想政治教育有效结合的过程中，学校可进行二者实践互动的教学，实践互动的知识面既要包含思想政治方面的知识，又要涉及法律法规知识。如此，教学内容得到了拓展和丰富，学习氛围也变得生动而活泼，学生学习的积极性能被充分调动起来，更好地参与到实践互动的教学活动中，在实践中加深记忆，端正思想。另外，教师也能在实践互动中发现学生存在的不足，从而引导学生在今后的法制教育和思想政治教育的学习中构建正确的思想道德，规范自身行为，为社会培养高素质的优秀人才。

（四）开展丰富多彩的社会实践活动，推动二者的有效结合，实现共同发展

法制教育和思想政治教育的结合不能仅仅依赖课程学习和理论学习来加以推进，还必须开展丰富多彩、形式多样的社会实践活动来促进二者的有效结合和进一步发展。也就是说，在校园内、课堂上单纯地开展法制教育和思想政治教育，现已无法适应高校相关教育的需求，无法适应大学生的实际需要和社会的进步。因此，应将法制教育和思想政治教育以社会实践活动的形式展开，让学生在具体的实践活动中产生心灵碰撞和思想感悟，从而得到行为纠正和品德的熏陶，即用活生生的事例和人物来促进大学生法律意识、法制观念、思想道德品质的提升。这些社会实践活动对大学生产生的影响和力量是不容忽视的，可促进社会正能量的弘扬，传递文明新风尚。社会实践活动的开展，可以邀请学校所在辖区的公检机构的法律专家、法律顾问等到校进行法制宣传科普教育，可以举办法律法规知识讲座，也可以组织学生参加为烈士献花、扫墓等活动，看望英烈家属，弘扬爱国主义精神，还可以定期组织学生到孤儿院、养老院看望孤儿和孤寡老人，

结对子做义工，为老人和孤儿奉献爱心，扶贫扶困，等等。总之，通过开展一系列的社会实践活动，将法制教育和思想政治教育有效结合，让大学生在实践活动的过程中耳濡目染，心灵得以净化，思想觉悟得以提升，法制意识得以培育，法律观念得以树立，从而提升大学生的整体素质。

综上所述，法制教育和思想政治教育永远是教育工作的重点和核心内容，二者有效结合究其根源也是为了促进大学生不断成长、完善自我，锤炼优良品质，不仅为社会培养出具有优良综合素质的可用之才，也为大学生的健康成长和长远发展奠定了良好的基础，同时还为和谐社会的构建和发展输送高素质的优秀人才。

第七章 大学生法制意识创新研究

第一节 新媒体环境下大学生法制教育对策

随着社会的不断发展，法治教育在我国教育中的地位显得日益突出，通过实行法制教育，可进一步增强大学生的执法守法意识，同时还加强了大学生的执法观念。在新媒体环境下，通过实行法制教育，不仅能够增强大学生的法治意识，还能更好地促使中国教育增添内容和改进教育方法。本节就新媒体环境下我国大学生法制教育的意义以及策略做出具体的探讨和研究。

随着社会的不断发展，人民的生活方式也在不断改变。越来越多的大学生更喜欢新媒体带给他们的新鲜感和满足感。我国的教育者也要想抓住这块科技跳板对大学生进行教育。在新媒体的环境下，越来越多的教育者通过改变自身的教育形式来实现教育的最终目的，越来越多的教育形式如雨后春笋般涌现出来，与此同时，我国大多数的教育工作者也在这种环境的推动下着眼于践行法治教育。

一、新媒体环境下实行大学生法制教育的实际意义

对大学生进行法制教育，实际上是使当代大学生能更加清楚理性地了解和认知当今社会。对大学生进行法制教育，也是由于大学生对法律知识了解不够透彻，在日常生活中极易漠视法律。而通过新媒体对大学生进行法制教育，能够加强大学生的法制观念，并且增加大学生法制教育方面的

知识和认知。新媒体环境下的法制教育能够增强大学生法律观念，使当代大学生在心理上产生积极向上的乐观心态，对当代大学生起到一个良好的监督督促作用，从而促使大学生更加自律自省。并在新媒体的环境下，通过对大学生进行及时生动的法制教育，还能使大学生在平时的日常行为中规范自己，从而坚决不做逾越法律的事。比如在新媒体发达的当今社会，网络上会涌现出许多让当代大学生为之动摇的信息和资源，通过新媒体环境下的法制教育，能够让当代大学生理性认清知识产权的重要性。在新社会环境的影响下，有相当一部分大学生是在自己不知情的情况下做出了逾越法律的事情。所以，对大学生进行法制教育可以增加大学生的法律知识，同时能够使大学生对自己的行为做出进一步的衡量和约束。新媒体环境下，通过对法律知识进行进一步的拓展和教育，能够使大学生在平时日常生活中规范自己的行为，从而使整个社会和谐发展。

二、对大学生进行法制教育的对应策略

（一）加大对大学生法制教育的监督力度

高校在制定大学生法制教育课程的同时要结合国家发展实情，对学校和社会做综合对比，从而制定出相应的检查管理制度。同时，营造良好的法治环境氛围，使大学生通过法制教育加强自身治制观念，在日常生活中，增强守法遵法的法治意识。高校在建立法制教育的同时，还应该加大对大学生法制教育的监督检查力度，保证大学生在新媒体环境下自我践行法治教育的质量和效果。同时，高校应该结合本地实际情况，对大学生法制教育实情进行管理和监督。

（二）加强塑造大学生法制教育建设

高校在为大学生提供法制教育的同时，还应在平时多举办一些关于法制教育的活动，进一步扩展大学生的法律知识，使大学生在平时的生活中遵法守法，爱法护法。法制教育能促使学生加强自身法律修养，获得更多法律自信，在生活中做一个守法遵法的好青年。在为大学生进行法制教育的过程中，还应加强大学生法治教育教师队伍的建设，这样不仅能够拓宽

大学生法律的知识面，同时更能提升大学生本身的理性程度。

（三）使大学生法制教育内容更加多姿多彩

面对法制教育庞大的信息量，大多数大学生选择粗略而过。面对这些不能够充分掌握法律知识的大学生，高校应丰富法制教育的形式，使之更加多姿多彩。在新媒体环境下进行法制教育应使法制教育的内容呈现出多样性和趣味性，同时能进一步提高大学生对法制教育内容的兴趣以及对法制教育内容的灵活掌握程度，从而进一步使大学生和新媒体情况下的法制教育有机结合。所以在法制教育的同时，丰富法治教育内容，使教育内容更加多样，有利于大学生了解日常生活中的行为和准则，有助于大学生了解社会，并为大学生在社会中立足做好准备。

综上所述，新媒体环境下的大学生法制教育应该呈现出多样性，无论是在内容上还是方式上都应该着眼于大学生本身，从而提高大学生的学习兴趣，增加其自身的法律知识，提高法律修养，同时在日常生活中做一个行为规范且遵法守法的优秀青年。增加大学生的法律知识能够进一步增强大学生的法制意识且使大学生的守法观念在心中根深蒂固，进而将法制教育内容变成自己日常生活的准则，积极向上地规范自我。

第二节　大数据时代大学生网络法制教育

大数据时代，网络环境变得越来越复杂，部分大学生明辨是非及自我控制的能力较弱，容易迷失自我沉迷于虚拟世界中，甚至走上犯罪的道路。对此，便需要加强大学生的网络法制教育。本节以大学生网络法制教育的基本内涵为切入点，基于大数据时代强化大学生网络法制教育的重要意义，分析了大学生网络法制教育的现状及影响因素，并提出了有效改善对策，以期强化大学生网络法制意识和能力，发挥一定的教学借鉴作用。

当今社会，人们的日常生活及各项生产活动与网络的联系越来越密切，各类数据呈现井喷式增长，推动社会进入了大数据时代，为人们带来了诸多便利。大数据技术具有较强的信息分析、处理、预测、挖掘等能力，将其运用到教育领域，不仅能够提供技术数据支持，而且还可以改变传统的教育模式，确保教育评价的全面性、客观性。如何实现大数据与高校教育的有效融合，这是当前教育领域的热点话题，由此可见，加大大数据时代对大学生网络法制教育的研究，具有重要的现实意义。

一、大学生网络法制教育的基本内涵

在不同时代背景下，高校法制教育的侧重点也有所不同，进入网络信息化时代后，网络法制教育受重视程度不断提高，已经成为一项关键性的教育工作。对于大学生网络法制教育的内涵，当前主要存在两种观点，第一种是指以网络为核心，对学生开展的法制教育；第二种是指利用网络新兴媒介，对学生开展法制教育。两种观念都属于大学生法制教育，前者是从大学生本体出发所开展的研究活动，研究者以具有法律专业背景的学者居多；而后者是从教育模式的角度，对传统法制教育模式和网络法制教育模式进行对比，研究者以具有教育学专业背景的学者居多。对于大学生网络法制教育来讲，两个层面的研究都是同等重要的，既要认清大学生网络违法犯罪的形势，为法制教育工作的开展提供真实案例资料，又要充分发挥网络的法制教育优势，对传统法制教育模式加以改进，进而才能实现更加理想的教育效果。

二、大数据时代强化大学生网络法制教育的重要意义

相关数据显示，截至2023年6月底，我国的网民数量已经高达10.79亿，其中学生所占比例最大，大学生为主要群体。近些年大学生网络犯罪事件屡有发生，强化大学生网络法制教育已迫在眉睫，其现实意义体现在以下几个方面。

（一）能够强化大学生的网络法制意识

法制教育是高校教育工作中的一项重要内容，也是弘扬高校法制文化

的主要途径，在强化大学生网络法制意识方面同样发挥着不可或缺的作用。在大数据时代背景下，大学生与网络之间的联系愈发密切，传统法制教育模式逐渐暴露出了一些不足，已经无法适应社会的发展形势。而通过加强大学生网络法制教育，让学生学习并掌握网络法律基础知识，进而强化大学生的网络法制意识。开展大学生网络法制教育，可以让学生做到知法、懂法、守法、用法，引导学生文明上网，自觉遵守网络的法律法规，并维护网络良好秩序，减少了校园网络失德行为，降低了校园网络犯罪发生率。

（二）能够完善高校网络法制教育体系

大数据时代的到来，以及各项网络先进技术的广泛应用，为高校学生的学习和生活带来了更多便利，信息资源的获取也变得更加方便、快捷。但是，复杂的网络环境中，充斥着各种不良消极信息，容易使大学生思想发生偏差，不利于其正确人生观、价值观的树立，对大学生身心健康造成了严重影响。为了改善这种现状，便需要充分发挥高校法制教育教学作用，及时革新教育观念及教育模式，构建完善的网络法制教育体系，从而推进法制教育改革。通过开展大学生网络法制教育，不仅能够丰富教育方式、拓宽教育渠道，而且还可以及时更新教育内容，扩宽了教育范围，在加快我国高校法制教育事业发展方面作用显著。

（三）能够加快依法治国战略推进进程

在建设中国特色社会主义社会道路上，我党始终坚持依法治国，同时"法治"也是社会主义核心价值观的基本内容，对此便需要提高全民的法律意识，以便更好地履行公民义务和行使公民权利。而大学生作为社会主义建设事业的接班人及中坚力量，更要求具备较强的法律意识，进而才能为推动经济发展和社会进步贡献更大力量。所以，大数据时代强化大学生网络法制教育，是高校积极响应国家号召，执行并落实依法治国战略的最直接体现，是基于历史发展趋势所提出的必然要求，在提升大学生网络法制意识的同时，还可以加快我国依法治国的建设进程，有利于社会主义核心价值观的弘扬与践行。

三、大数据时代大学生网络法制教育现状及影响因素

从现阶段大学生网络法制教育开展情况来看,虽已取得较为理想的工作成效,但在实际实施过程中受到多种因素的影响,阻碍了该项教育工作的顺利、有效推进。

(一)大数据时代大学生网络法制教育现状

大数据时代,高校校园犯罪事件发生率居高不下,究其根本原因是大学生网络法制意识薄弱,而当前我国高校网络法制教育处于落后水平,与一些西方国家相比存在较大差距,通过分析可以发现很多方面的工作都没有做到位。首先,传统教育观念根深蒂固,它阻碍了网络法制教育的高效开展。无论是高等院校,还是学生自身,或者是政府部门,都尚未构建形成大数据思维模式,学校和老师仅仅将大数据作为一种教学辅助方式,简单地运用多媒体设备放映一些教学课件,或者搜索教学资源等,大数据的教学价值和作用得不到充分发挥,没有将其与法制教育紧密结合在一起。学生通常仅将网络作为一种娱乐消遣的方式,主要用作玩游戏、看电影、网上购物等,并未将其真正应用到法律学习方面,不仅无法发挥大数据的教育教学优势,而且还会占用学生大量学习时间。虽然政府部门大力倡导信息高速公路的建设,大力拓展带宽,但计费方式与收费仍然过高,利用网络与大数据实施法律教育的内容方面有待进一步加强。

其次,高校法律教育信息化程度较低,网络法制教育改革进程缓慢。在大数据时代背景下,依托互联网协议推进教育信息化建设已成必然趋势,对此高校应将移动互联网技术广泛应用到各方面教育工作中。但是,高校法律教育仍然停留在原有水平,教育模式和途径仍以"思想道德修养与法律基础"课堂为主,并没有将网络技术充分应用到教育教学方面,教学设施配置不完善,教学内容也没有针对大数据时代的特点做出改变。并且,即便有些高校配备有完善的网络教学设备,在法制教育授课过程中很少借助网络教室,网络法制化教育模式逐渐趋于形式化和表面化,其实质性作用得不到充分体现,不利于高校法制教育改革的推进与实现。

另外,高校法律远程教育监管力度不足,教育水平和教育质量较低。

在移动互联网日渐成熟的背景下，出现了一大批以网络平台为基础支撑的衍生网络，主要为参加司法考试、法学自学考试的学生提供网上教育的服务。大数据为这种法制教育模式的实现提供了技术支持，学生可以通过文字、图片、音频、视频等网络资源完成自学，丰富了法制教育方式，可以使更多的高校学生通过自学提升法制意识，掌握法律知识。但是，政府在网校建立及办学方面的监管力度有待提升，缺乏对各类网校所发布的资源的选择与甄别机制，导致各类网校教学水平和教学质量参差不齐，造成法制教育效果不够理想。

（二）大数据时代大学生网络法制教育影响因素

通过采取查考文献、专家采访等多种方法进行调查，可以发现在大数据时代影响大学生网络法制教育的因素主要包括以下几种。第一，个人因素。大学生不具备丰富的社会阅历，尚未确立正确的世界观和人生观，辨别是非的能力较弱，面对复杂繁多的网络信息，容易迷失自我，进而造成法律意识的缺失。并且大学学业繁重，还要面对就业压力，大学生极易出现不良情绪和不正确的价值观念，在各种利益的驱使下，会抵触法律制度，甚至越过红线。第二，学校因素。法律课在大学课程体系中所占比重较小，课堂上可供学生学习的时间十分有限，而法律知识体系本身比较庞大复杂，学生很难在较少课时中做到对其系统性的掌握。同时，部分高校对大学生网络法制教育的重视力度不足，缺乏对该项工作重要性的充分认识，并没有将其提上重要议事日程，教育计划科学性及可操作性较低，降低了网络法制教育的有效性。第三，社会因素。随着改革的持续深化，我国对外开放程度不断提高，各种外来思想及文化涌入国内，并借助互联网迅速传播开来，对大学生思想观念造成了强烈冲击，会直接影响到大学生的身心健康，在其思想观念发生偏差后，其网络法律意识就会减弱，容易走上违法犯罪的道路。第四，制度因素。现阶段我国在网络立法方面尚未建立配套的、完善的法律法规，难以从法律层面对网络行为形成严格的约束和规范，虽然制定了一些法规和措施，但是却不具备较强的可操作性，难以为大学生网络法制教育提供可靠支持，影响了教育工作的顺利推进。

四、大数据时代大学生网络法制教育改善对策

强化大学生网络法制教育的重要意义，必须从大数据时代背景出发，综合大学生网络法制教育现状及影响因素，采取必要的对策对该项教育工作加以改善。

（一）转变主体法制教育观念

面对大数据对网络法治教育带来的良好改革机遇，学校、教师和学生分别作为教育者和受教育者，都应及时转变传统教育观念，充分认识到大数据的应用价值，以及它对法治教育工作所带来的影响。从学校角度来讲，高校应加快推进"E时代与大数据"法律教育工程，将大数据应用于法制教育中，构建信息化、网络化、数字化法律课堂，对学生的学习动态进行实时跟踪和掌握，并以电子档案的形式记录保存下来，推动法律教育的全面创新。从教师角度来讲，应将网络法制教育逐步从课堂延伸到课外，以学生手中的智能移动终端设备，作为课下教学的有效途径，为学生提供精选的网络法律知识供其学习，培养学生的网络信息识别和筛选能力，调动大学生对网络法律法规的学习兴趣。从学生自身角度来讲，应强化自我学习意识和能力，充分利用身边的智能移动终端设备，了解并学习网络法律法规，提升自己的法律信息技术应用能力，运用自身所掌握、储备的知识，加工创造出新的知识，高效地选择合理、合法的有用法律信息。

（二）增加传统法制教育内容

"法律基础"课与"思想道德修养"课合并为一门课程后，高校的法制教育内容在教材中所占比重大大缩减，通常被单独作为第二章内容，分配到该部分内容的课时比较有限，并且授课任务会由思政教师担任，因其法律专业能力较弱，所以很难对学生起到较好的法制教育引导作用，学生的网络法制意识薄弱。针对这种情况，在大数据时代应增加传统法制教育内容，合理分配其在教材中所占的比重，并对该部分课程的授课课时作出适当调整，使学生有更多的时间可以对网络法律知识进行系统性的学习。同时，还可以以网络法律知识讲座、网络法律知识征文比赛、网络法律知

识辩论赛等活动形式,对课堂所学内容加以巩固和应用,帮助学生完成法律知识的内化,强化学生的网络法律意识及能力,以便应对愈来愈复杂的网络环境。

(三)开辟网络法制教育新渠道

教育渠道的拓宽,也是推动高校网络法制教育改革的有效方式,可在一定程度上弥补课时不足所带来的问题,在提高教育效果方面作用显著。高校应充分认识到网络新媒介在法制教育中的特殊作用和价值,改变传统课堂授课单一的教育模式,依托网络平台搭建法制教育网站,进而可以结合大学生特点,调动其学习积极性。借助法制教育网,可以将生活中的实际案例、法律小故事、名家访谈、影视资料、网络小游戏等相关资源,应用到网络法制教育中去,让学生根据自身喜好及学习需求自由选择,既可以充分发挥网络渠道在高校法制教育中的应用优势,又可以让学生通过不同感官获得良好的学习体验,同时还可以实现学生、教师及法律专家的在线交流,及时解答学生的法律困惑,进而实现更加理想的网络法制教育效果。

(四)加大对网络环境的监管力度

在推进高校大学生网络法制教育过程中,必须加大对网络环境的监管力度,营造更加和谐、有序的网络环境,为教育工作的开展提供良好的基础保障。一方面,国家应设立专门的机构,负责对互联网行业及法律责任履行情况进行监督和管理,制定完善的法律法规及行业规范,形成强有力的约束管制作用。尤其是对网上法制教育学校,应加大高校法律远程教育监管力度,构建完善的网络教学资源甄别机制,保证网校教学水平和教学质量。另一方面,教育主管部门应加强指导和监管,将对大学生的个人信息安全保护作为重要的内容列入对高校的考核体系中,明确高校在数据使用中应承担的责任,对高校开展法制教育工作过程中形成的数据安全事例进行通报,统筹大学生数据安全监测、保密和安全防控等工作,使其有机结合并有序运行。

（五）建立网络法制教育数据库

对于高校网络法制教育工作的推进来讲，国家和地方政府应加大支持力度，包括技术层面、法律政策层面等，对现有的教育资源进行整合，运用大数据、云技术、物联网等各项先进技术，结合地区网络法制教育水平及教育需求，建立专门的数据库，以满足学生个性化学习需求，通过教育资源的有效共享，最大限度地保证教育的公平性。当前我国很多城市在开展网络法制教育时，都充分应用了大数据技术，如广州市政府早在2002年便印发了《关于加快推进我市教育信息化工作的意见》和《广州教育信息化发展规划》等指导性文件，以促进信息技术在教育领域的有效应用。政府部门应充分发挥主导作用，建设法律信息教育资源库，构建完善的法律信息过滤机制与选择机制，同时还应利用大数据加大监管力度，及时发现并处理网络犯罪等问题。

大数据时代的到来，不仅为高校法制教育改革提供了新的思路，而且也丰富了法制教育内涵，要想帮助大学生树立较强的网络法制意识，应对传统教育工作做出调整和改变，充分发挥大数据的教育教学价值和优势。高校在开展网络法制教育工作时，应明确其基本含义，并认识到该项工作的重要性，通过转变主体的法制教育观念、增加传统法制教育内容、开辟网络法制教育新渠道、加大对网络环境的监管力度、建立网络法制教育数据库等对策，改善当前大学生网络法制教育现状，探索出一条适合大数据时代的法制教育新道路，以提升高校网络法制教育效果和水平。

第三节 大学生创业法制教育

高校不断扩招，致使大学生的就业压力逐年增加。国家为了稳定就业、推动经济持续健康发展，出台了一系列的政策法规鼓励高校开展创新创业教育，引导大学生走自主创业的道路，以创业带动就业。高校开展创业教育十多年来，选择创业的学生逐年增加，但创业的成功率不高，其中创业失败的原因与高校的创业教育中忽视法制教育有一定的联系。为了增强创业大学生的法律风险防范意识，本节从当前大学生创业法制教育存在的问题及产生的原因入手，就完善大学生创业法制教育的对策进行了探讨。

一、大学生创业法制教育存在的问题

教育部2002年决定在清华大学等九所高校开展创业教育试点，创业教育正式在我国高校开展，到今天，创业教育已经在国内高校开展了二十多年的时间。这二十多年来，国家有关部委出台了一系列政策法规鼓励并支持高校推进创新创业教育改革和大学生自主创业。但麦可思研究院发布的《2016年中国大学生就业报告》中的数据显示，2015届大学生自主创业的比例为3%，2012届大学生自主创业的比例为2%，在这2%的创业学生中三年后只有42.2%的学生仍在坚持创业，由此可以看出我国创业教育取得的效果并不理想。大学生创业成功率低，其原因与创业教育中忽视创业法制教育有关。笔者在网上查阅了很多高校的创业教育课程设置情况，包括在创业教育开展较好的清华大学在内，各高校的网络创业教育自学课程，大多偏向于创业意识、创业精神、创业技能类的经济管理、市场营销等方面的课程，却没有专门针对大学生创业法律风险防范方面的法律教育类课程。结合笔者所在的贵州工程应用技术学院开展的创业教育课程实际来看，创业教育课程只是注重培养学生的创业意识、创业精神、创业技能，主要是给学生传授一些经商的经管类课程，并未涉及学生创业时常用的法律知识教育。即我国大学生创业法制教育存在的主要问题是多数高校不重视创业法制课程，甚至不开设创业法制课程，致使已经创业的学生的创业法律风险防范意识缺乏，导致创业失败者居多。

二、大学生创业法制教育存在问题的原因分析

高校不重视创业法制教育主要有以下三方面原因：一是政府有关部门对鼓励高校开展创业教育和大学生自主创业的现有政策法规执行落实不到

位，对高校创业教育开展情况督查不力，使得某些高校不重视创业教育的开展，更有一些高校至今都没有开展具体的创业教育工作。二是高校自身创业法制教育师资缺乏、创业法律课程内容体系认识不清、创业法律教育的教学经验缺乏。某些开展创业教育的高校多数授课教师都是临时抽调团委、学生处及部分辅导员老师充任，这些教师大多数没有法学专业教育背景，更没有创办企业的创业实践经历，只能讲授一些创业理论知识，与创业实践教育严重脱节。三是多数学生受传统观念影响，忽视法律知识的学习。厌恶诉讼，不想与法律打交道等传统观念的影响较大，多数大学生误认为，只要自己不去违法犯罪，就没有必要学习法律知识。这使得他们不愿主动学习创业法律知识，增强创业法律风险的防范能力。

三、完善大学生创业法制教育对策

政府部门应严格落实执行现有的创业教育政策法规，加大对高校开展的创业教育情况的督查力度。

我国高校开展了二十多年的创业教育，但至今高校毕业生的自主创业比例仍然很低，创业人群中创业成功的更少，这与我国高校创业教育形式化有关。2012年，教育部就制定了《普通本科学校创业教育教学基本要求（试行）》，要求高校全面开展创业教育，创造条件面向全校学生开设"创业基础"必修课程，但目前多数高校都没有将"创业基础"课作为学生的必修课。即使已经开展创业教育的高校，多数都对创业教育的目标定位认识不清，认为创业教育只是教会学生开办企业挣钱，对于创业教育蕴含的对学生进行创新创造性思维能力的培养，增强学生的岗位竞争力，使广大学生就业后能在自己的工作岗位上进行创新，立于岗位竞争不败之地的创业教育认识不到位。要增强大学生的创业教育效果，政府相关部门必须严格落实其制定的创业教育政策法规，对高校开展创业教育予以人力、财力、物力的支持，对自主创业的学生进行政策照顾和资金帮扶，对开展创业教育不力的高校加大惩处管理力度，使各高校都能不折不扣地执行国家创业教育政策法规，切实全面开展创新创业教育。

高校要加强创业法制教育师资队伍的建设，完善创业法制教育课程内容和创业法制教育教学方法。

（1）加强创业法制教育师资队伍的建设。高校可采取走出去和请进来的方法加强创业法制教育师资队伍的建设。可充分利用本校法学专业教师的创业实践经验和法律实务经验对学生开展创业法制教育。若高校法学教师资源缺乏，可以采用与校外相关机构合作的方法，定期请当地劳动争议仲裁委员会的仲裁员、人民法院法官、人民检察官来对创业学生开展专题法制教育，讲解创业中所需的劳动法知识、知识产权法知识、刑法知识及解决经济法律纠纷问题时所需的诉讼法律知识。高校通过这两种途径既增强了创业法制教育师资力量，又增强了创业法制教育效果。

（2）完善创业法制教育课程内容。大学生创业者在企业设立、经营、清算及终止过程中主要涉及民事、行政、刑事三大类法律，其中主要是民事法律风险。创业者民事法律风险主要是合同法律风险、企业法律风险、知识产权法律风险、用工劳资风险。

（3）完善创业法制教育教学方法。只有教师的创业法制教育教学方法丰富，才能通过其良好的教学方法将创业法律知识向已经创业或准备创业的学生传授，提升学生的创业法律风险防范意识和创业法律知识的运用能力。对法律知识教学最有效的方法是理论讲授法和案例教学法相结合，即教师通过传统的创业法律理论知识的讲授，使大学生了解掌握大量的与创业相关的法律理论知识，然后学生再运用这些创业法律知识在案例教学中展开有效的讨论，通过案例教学的讨论和教师的点评获得自己创业所需的法律知识。教师除了创业法制课堂教学外，必须结合创业教育的创业实践，在校内或校外开展丰富的创业法制实践教育活动。

目前，我国的创业教育不够健全，特别是创业法制教育不被人们重视，为增强大学生的创业法制教育效果，提高大学生的创业成功率，笔者仅结合现有与创业相关的法律法规内容及法制教育实际，就完善加强我国的创业法制教育进行了讨论，以期引起相关学校的高度重视。

第四节　法制意识与校规校纪教育的大学生教育管理

大学生违法违纪恶性事件频发，原因在于法制意识和校规校纪教育薄弱。本节对当前大学生法制意识与校规校纪教育薄弱的现状进行了分析，对如何增强大学生法制意识和校规校纪教育进行了探索：构建优良的校园氛围、营造温馨的宿舍环境、践行扎实的理论知识、执行严格的校规校纪、建立合理的长效机制。希望通过多种教育管理途径的实施，使得大学生具有较高法制和校规校纪意识成为新常态。

一、加强大学生法制意识与校规校纪教育的必要性

党的十八届四中全会首次将"依法治国"作为主要议题，"法治"也是社会主义核心价值观的重要内容，说明在当前的形势下如何构建法制社会迫在眉睫。实际上，国家早就高度重视法制建设，在党的十一届三中全会上，我党就已提出了"有法可依、有法必依、执法必严、违法必究"的法制建设方针，并且在十七大提出全面落实依法治国基本方略，同时积极推动在全体公民中树立法制观念。而要形成良好的法制风气，就需要在广大学生中形成良好的法制意识。大学生是未来社会建设的主力军和生力军，高校旨在培养其成为既懂专业知识，又有较强法律意识的新型人才，无论他们毕业后从事什么行业，遵纪守法都是其必备的基本素质。诚然，在目前众多的教育过程中，虽有相关内容涉及法律教育，但学校更多的是侧重学生专业知识和能力的培养，对学生法制教育的力度不够，致使学生法制观念淡薄。因此，高校加强大学生法制教育，是实现"依法治国"的重要保障。

校规校纪是以法律与社会公共道德观念作为依据制定的，同时又体现了学生管理工作的一些特殊性要求。例如，学校规定破坏教学工作秩序、妨碍教学任务的完成与培养目标的实现等行为是违纪行为，应该受到相应

的处罚。没有纪律，学校的良好秩序就无从建立，学生学习与生活所需要的环境就无法保障，因此遵守校规校纪应该成为每个大学生的自觉习惯。只有加强对大学生遵守校规校纪的教育，才能进一步提升大学生的法制意识。校规校纪涉及学生日常生活的方方面面：教学过程中，主要是上课迟到、旷课、考试作弊等；宿舍管理过程中，违规使用大功率电器、夜不归宿等；日常管理中，打架斗殴等。通过教育管理能有效加强大学生校规校纪教育。

目前高校对法制校园建设研究得比较多，重视如何进行依法治校，而对如何培养大学生法制意识和遵守校规校纪的教育研究较少。一部分研究从教学角度加强对学生的法制教育，而往往存在短时性且效果不明显，因此通过教育管理的手段来提升大学生法制意识和校规校纪教育具有重要的意义。

二、当前大学生法制意识与校规校纪教育薄弱的现状分析

（一）传统观念根深蒂固

中国古代社会中皇权、人治的观念已然深入人的意识中，轻法的意识广泛存在，影响了法律权威的树立。

（二）家庭教育潜移默化

父母是孩子的第一任老师也是终身老师，对孩子的教育起着至关重要的作用，父母法律意识的强弱对子女的影响非常大。很多家长过分看重孩子的学业成绩，分数的高低成了评价孩子的唯一标准，忽视了法律道德、价值观等方面的塑造。另一方面，部分父母对孩子溺爱，滋生了他们贪图享受、以自我为中心、随心所欲等不良习惯。家庭关系不和、父母离异、教育方式不当等，也会导致孩子长期情绪压抑、思想偏激、仇视社会、心理扭曲。以上种种都直接或间接影响着大学生的健康成长，是某些大学生走上违法犯罪道路的一个重要原因。

（三）社会舆论口口相传

我们国家在各个领域都取得了较好的成就，但也存在一些社会问题，

而这些负面消息却传播得较快较广。尤其当前社会的一些腐败问题，不严格执法、违法办案、徇私舞弊、贪赃枉法等导致大学生价值观念转变，进一步导致其观念偏差，甚至对国家持怀疑、不信任的态度。他们认为人情大于法，权大于法。此外，市场经济对于物质利益的过分追求，甚至成为现代社会衡量个人成败的重要标准，这种不正常的社会风气的蔓延，动摇了部分大学生的上进心，改变了学生的价值取向，如在学生中出现穿戴攀比、追求高端电子产品等现象，少数学生为满足虚荣心，竟有偷盗、抢劫等违法行为。

（四）学校教育顾此失彼

国家要求高校的法制教育要以培养大学生法律意识为核心，并且将"思想道德修养与法律基础"作为大学生思想政治教育四门必修课之一。但大多数高校学生重视专业课而忽视基础课，对待"思想道德修养与法律基础"课的态度一般就是临时抱佛脚，应付考试拿学分而已。大学生对掌握法律知识的重要性不够了解，认为只要有关部门掌握法律知识就行了，自己是否掌握法律知识关系不大，对法律知识的学习持一种无所谓的态度，存在知行不统一的情况。这是大学生法制观念淡薄的一种表现。教师对法律知识的教学也不够重视，纯粹的理论教学调动不了学生的学习积极性，缺乏相应的实践环节来增强其法律意识。即使开展了实践活动也仅仅停留在知法的层面，忽视对学生法律行为习惯的培养。教育体制的缺陷使得法律教育变成了枯燥的政治理论教育，学生只是了解一些枯燥的法律条文，高校并没有将具有法律意识纳入人才培养的方案中。从而导致大学生法制意识薄弱，法制观念不强，大学生安全事件频发。

此外，尽管很多大学生抱着自己不会做违法事情的想法，但实际过程中违反校规校纪事件却频发，而且也会导致重大学生安全事件。如某高校女生违规使用电器，导致宿舍失火，又从宿舍阳台不慎跌落坠亡；某高校学生违规在校园内使用机动车，导致不慎撞树而亡等。高校在加强法制教育的同时，也要加强校规校纪的教育。两者是相辅相成的，校规校纪是法制教育在高校中的延伸，是思想政治教育的重要组成部分。

三、教育管理提升大学生法制和校规校纪意识

加强对大学生的法制意识和校规校纪教育，是当前十分紧迫而又意义深远的重大任务，直接关系到中华民族未来的命运。培养大学生法制意识和培养校规校纪教育需要社会、高校、家庭三方共同努力，但大学生是独特的群体，短期内较为有效的培养途径主要还是靠学校教育。法制意识和校规校纪意识的培养是一个循序渐进的过程，因此高校在教育管理过程中应该不断加强这方面的引导。

（一）构建优良的校园氛围

优良的环境有利于教育实践活动的开展，高校管理应该做到"依法治校""以法育人"，潜移默化地影响大学生遵守法律和校规校纪的意识。高校思想政治教育工作者在与学生进行交流沟通时，首先应做到"以纪律法规为蓝本、教书育人"，让学生体会到法律就在身边，做任何事情都要以"守纪、守法"为前提。构建公平正义的校园环境，让每一个勤奋努力的大学生通过公平竞争获得人生出彩的机会。同时积极利用多媒体对法律和校规校纪进行宣传。网络的发展为高校纪律、法治教育工作提供了现代化的手段和多样的表现形式。构建优良的校园法制氛围，在校园里不仅仅需要通过展板橱窗案例的静态形式呈现，更需要通过新媒体如微信、微博、官方网站，更多地宣传法律和校规校纪知识，让其自然地渗透到学校的教学过程中。

（二）营造温馨的宿舍环境

学生宿舍是大学生除了教学以外活动最多的场所，同学之间沟通交流频繁，同时也是各种习惯养成及矛盾纠纷的来源地。所以宿舍是进行法制和校规校纪教育的重中之重。大学生是一类特殊的群体，他们渴望拥有自由的空间，但同时心智还未完全成熟，宣传纪律、法规时需要运用轻松愉快又容易让学生接受的方式。在宿舍中宣传法制和校规校纪教育非常必要，譬如不能使用违章电器、不逃课、不聚众赌博、不沉迷打游戏，等等。此类问题不能仅仅依靠教师检查，可适当让学生党团组织运用海报、新型宣

传媒介等进行引导。对卫生情况、违章电器的使用、逃课等行为设立不同加减分评分体系，与学生的行为考评、宿舍年度评分和班集体荣誉挂钩，让宿舍变得更温馨安全，更有人情味，学生之间更有凝聚力和集体荣誉感，把宿舍当成自己的家。

（三）践行扎实的理论知识

通过法律基础课的知识讲解、课堂讨论、案例解析等手段强化法制教育，使大学生知法、懂法、守法，指导大学生正确理解权利与义务的关系，在履行义务的前提下，合法行使自己的权利。坚持高校的法制教育，帮助大学生形成依法办事，同违反法律以及破坏我国法制的行为作斗争的意识。而最重要的是把传统的课堂灌输式教育、思想政治空洞的说教，变成结合学生实际积极开展第二课堂实践，配合第一课堂理论知识教学的协同创新。培养和激发学生的兴趣，使他们形成积极主动学习法律和校规校纪的习惯。可通过组织"模拟法庭"、请有关办案人员或著名的法学专家来校开知识讲座、举行法律法规知识竞赛等一系列活动，充分利用现代化的教学技术和教学手段，让学生在轻松愉快的气氛中学习掌握法律和校规校纪的内容。此外，将大学生的社会实践与大学生法制和校规校纪教育相结合，让大学生在实践的过程中更好地掌握基础知识，更好地将法制教育落到实处。

（四）执行严格的校规校纪

严格的纪律胜于任何形式的宣传教育。严格的学生管理制度，就是对学生学习、生活、课外活动等方面提出明确的要求，对学生的行为进行严格规范，采取一系列行之有效的管理措施，引导和监督学生，保证学校正常的教育教学秩序。如任课教师须严格要求自己，课程生动有吸引力，建立评教和评学体系，对迟到、旷课的学生严肃按规定处理。监考体系的不断完善也十分重要，利用新技术建立科学的监考机制，防止监考老师做与监考无关的事情，同时也防止学生考试作弊。总之要让学生真正明白法律和校规校纪就在身边，对教师与学生同等监督，不能让学生抱有侥幸心理，不能因人而异，因人而改，真正在校中班中形成优良的教风和学风。其次，在学生事务日常管理中，对学生违规违纪的行为，要照章处理，有理有据，防止出现"同错不同罚"的现象。另外，充分发挥学生申诉委员会的作用，让学生有申诉的渠道，使学生亲身感受到学校铁的纪律。

（五）建立合理的长效机制

针对目前高校学生法制与校规校纪教育短期化的现状，只有通过教育管理才能采取全程式、不间断的教育形式，建立长效机制，增强法制教育的有效性。根据学生不同年级的学习和生活实际，制定学生在校期间法制与校规校纪教育计划方案：从大一新生入学军训教育开始，加强学生手册中法律和校规校纪的学习，使新生尽快适应大学的学习生活，引导大学生正确认识自我，树立正确的人生观、价值观，增强大学生的法制意识，重新确定人生目标；针对大二、大三年级的学生，结合学校教育管理中出现的学生违纪违法实例，尤其是针对考试作弊案例，进一步深化学习普通高等学校管理规定、学校违纪处分条例和学生申诉制度等，帮助他们树立正确的权利义务观念、维权意识；针对大三、大四学生中出现的婚恋、考研、就业等具体问题，开展相关的法律和校规校纪讲座，对他们进行具体的教育和指导，引导其适度控制自己的情绪，增强应变能力，学会处理现实与愿望的矛盾，学会建立和谐的人际关系，抛弃自卑心理，并通过对学生职业生涯规划的指导，帮助他们树立正确的就业观念，进一步增强他们的法律和遵纪守法意识。

结合第一课堂的理论知识教学，通过教育管理途径开展第二课堂的实践教学，能较好地增强大学生法制意识和加强校规校纪教育，能有效跟踪大学生在校期间法制意识和校规校纪教育取得的成果，形成长效机制。通过以上一系列的教育管理实践，能使学生保持较高的法律意识，并且使学生遵守校规校纪成为新常态。

第八章　法律教育实践与教学体系构建研究

第一节　法律教育的实践原理与法律实践课程

法律实践教学是在我国本科法律教育过程中开展的旨在训练法科学生实践技能的教学模式，是与理论教学相互衔接、相互支撑的法律教学体系的一个重要组成部分。法律实践教学坚持实践教学系统化原则、实践教学方法与技能训练目标相匹配原则、技能训练与人格培养相统一原则。本节主要论述法律教育的实践原理、法律实践课程概述两方面的内容。

一、法律教育的实践原理

（一）法律教学方法和培养目标观念的改革

国家的兴衰与是否有一批厉行法度的仁人志士密切相关，我国在高扬法治的旗帜，把建设社会主义法治定为新时期治国方略，全力推进法治进程之时，一批高素质的法律人才是关键环节之一。而要造就一批高素质的法律人才，法律教育的重要性则是显而易见的。如果只有法律规则，而没有适用规则的高素质人才，规则之治就仍然是空中楼阁。我国从一开始提出加强法治时，就认识到了法律人才于法治乃至国家兴盛之重要作用。在这一认识下，社会对法律教育倾注了极大的关注。回顾过去的历程，人们可以感觉到我国法律教育发展的急促步伐和迅猛势头。我国在1976年仅有两所大学有法律系；1978年有6所法科院校，178名教师，1299名在校生；1987年共有86所法科院校，5216名教师，42034名在校生；在1987年恢复招收研究生后，共有在校研究生3951人。到1999年，我国法律教育的发展在规模上更是惊人。据不完全统计，截至2020年，全国有490余所普通高等院校设置了法科院校或法律专业。

尽管法律教育随着我国法治的发展正在迅速发展，但数量的激增并不等于法律教育的成功。我国法律教育仍然处于一种摸索和开创的阶段。无论是在法律教育的指导理念、培养目标、结构设置等宏观方面，还是在教学模式、方法、内容和课程设置等微观方面，并没有形成系统的成熟经验和模式。不少法科院校并没有自觉或认真地思考法律教育的指导理念和培养目标等问题，更谈不上有目的地设计自身的课程和探讨有效的教学方法。教学内容的相对陈旧和教学方法的僵化、单一也是有目共睹的现实。按这种方式训练出来的学生一进入社会，便会发现在书本上明确的法律规范在现实中竟然会变得如此模糊和具有伸缩性；发现所面对的社会现象如此千差万别，课堂中那些明晰的典型案例很难找到可供套用的具体事实；发现要把法律规范和社会现实相结合，需要如此之多的书本和法律条文以外的真功夫和批判性的创新思维。

综观我国法科院校的课程设置，其历来以传授系统和科学的知识为目的，很少考虑实际操作能力的培养，也很少考虑社会的实际需求，这种使法律成为一种坐而可论之道的课程设置，忘记并抛弃了法律教育的两个重要功能，即培养学生的职业实践和操作能力。法律教育的这两种目的，历来被中外法律教育所认可。而我国法律教育的实践，往往偏重知识传递和学术研究，忽略了职业思维训练和能力的培养。显然，这种情况有悖于法律教育的宗旨。我国法律教育的这种弊端，可以从三方面略见一斑：法律课程的开设主要以部门法律科的划分或国家颁布的主要法律（基本法）为标准，而以培养和训练学生实际操作能力为主要目的的课程开设得很少；大多数教师在课堂上所讲授的主要是如何注重现有的法律条文以及论述各门课程的体系和基本理论，其目的在于引导学生掌握系统的知识体系，而这种对于条文的纯粹分析，在现实当中几乎是不存在的；与我国当前努力实行市场经济和对外开放的需要相比较，法律课程中涉及市场经济、比较法和国际商事法的课程所占的比重不够，有些课程的内容也亟须改进或者充实。

目前，越来越多的法律教师认识到了这种教育模式的弊端，这对现行的法律教育模式构成越来越大的压力。在这种压力的推动下，我国法律教育界开始探索法律教育方法的改进，并将其运用到法律教育中。在更多的情况下，教师是以自己对法律的学理认识去影响学生，甚至依照自己对法律的理解去选择合适的案例，指导学生进行讨论，然后达到统一认识的结果。于是，每一位教师都会因为把自己的知识传授给了学生而沾沾自喜，而学生也会以自己对法律的认识最终与教师的相吻合而感到高兴。总而言之，虽然在不断努力进行法律教育方法的改革，但在根本上，并没有改变"以理解法律含义、传授法律知识为宗旨的教育模式"；因而法律教育忽略了一个重要的问题，即培养学生成为法律职业者。法律教育不仅要传授法律知识，同时也要培养和训练学生的实际操作能力。能力的培养应当提到与知识的传授同等的地位。在明确了上述目标后，法律教育的课程和教学改革的必要性和方向也就清楚了。

（二）法律教育的具体培养目标

法律教育应当培养什么样的法律人才？这一问题的答案从未统一过。每个观点从其自身角度而言都有其道理。但从法律教育的整体而言，尤其是对法律本科教育（有些院校则是法律硕士教育）而言，其培养目标应当以"高素质的法律职业人才"为主。学术型人才在任何国家和领域都是少数群体而非大多数群体。因此，就整个法律教育（主要指法律本科、法律硕士和大部分法律硕士）的培养目标而言，应当以法律职业人才为主，而非以学术型人才为主。少数高层次法科院校坚持以学术型人才培养为主也未尝不可，但也要实事求是地分析一下到底有多少毕业生能够从事法律研究和教学工作，合理分配其教学资源和设置课程。不能仅仅为了标榜"层次高"或"一流"，而不顾社会的实际需求及其毕业生的就业现实，不考虑法律人才培养的一般规律。

学术型人才的培养应结合法律教育的具体项目而言，在所有培养项目中，法律博士应当是培养学术型人才的主要途径，把对博士的要求用于所有其他法律人才培养项目，难免有些不切实际。博士要少、要精，要有独特的思想，应当从具有学术潜力的本科生和硕士生中百里挑一精选出来，不可大规模批量化生产。尽管是否有博士学位授予资格成了衡量一个法科院校是否为优秀法科院校最明显的标志，但是应当客观如实地评价博士生项目在一个法科院校各种项目中占据的实际分量和地位。实际上，法律实践的每一个环节都为深层次的理论研究提供了丰富的素材和多元化的课题。法律研究和教育应当具有强烈的现实关怀、问题意识、深入解剖和理论升华的视野和能力。

法律人才应当具有广博的人文社会和历史哲学基础，甚至需要反科学技术基础，即法律人才知识结构和通识性基础的塑造问题，我国法律硕士的设立无疑也有同样的初衷。但是，对把本科教育作为主流的我国法律教育而言，这种把学术训练和通识教育都融入法律教育框架的做法，则是想鱼和熊掌兼得的想法。不排除个别天赋很高的学生能够成才，但很难作为普通的模式普及。解决的方法不外乎两个：改革法律本科培养方案，在一年级甚至二年级第一学期主要学习各种通识性课程（人文、社科等），高年级开始学习法律课程；在适当时机把法律教育变为研究生教育。主张培养博雅型或通识型法律人才的观点，强调综合人文、社科知识的基础性，如果法律人没有坚实的人文、社科和历史哲学等知识，就难逃"法律匠人"的泥潭。这一观点很有道理，但是也不能以此来否定法律教育的职业性和应用性。

除了理论与实践不可截然分割，通识教育与职业教育可分阶段进行，法律教育的培养目标不在于填鸭式的知识灌输和背诵，也不在于对天文地理的简单通晓，而在于培养法律人才独特的法律思维和处理法律疑难问题的综合能力。而高层次法律职业人才也包括能够从现实法治实践中发现并致力于解决其深层理论问题的学术敏感和研究能力。这种基于法治实践而产生的学术人才是社会急需的人才。知识结构和基础固然重要，但是只会讲理论知识而不会办理案件的"半成品"，绝非法律教育培养的目标。反之，仅仅会办理案件却不具备上升到理论层面提出新思想和创新观念的实用性人才，也称不上"高层次的法律职业人才"。真正能够解决社会和法律难题的人，不仅要有丰厚的知识储备，还应当具有精到的法律思维、处理问题的综合能力和全方位的大视野。为此，我国法律教育应当明确培养目标，改革教学模式，加强实践性教学，从实务界吸收具有丰富实践经验的职业法律者参加教学，注重培养学生独立发现和解决问题的能力。

卓越法律人才培养计划提出的培育目标应适应多样化法律职业要求，坚持厚基础、宽口径，强化学生法律职业伦理教育，强化学生法律实务技能培养，提高学生运用法律与其他学科知识方法解决实际法律问题的能力，促进法律教育与法律职业的深度衔接。

（三）操作方案的设计与具体实施方法

如果上述培养目标能够确立，下一步就需要推动法律教育的课程设置。我国的法律教育注重宏观教育理论和概念的分析与争论，而忽略了操作层面对课程设置等问题的深入研究和精心建构。

1. 课程设置应考虑实际情况

课程设置不应仅仅按照法律学科分类或部按照门法的划分标准，简单做出对应性的课程设置；更不能把一门课程的学分多少或是不是必修课作为衡量某个分学科或部门法是否重要的标准。法律课程的设置应当以培养高素质的各类法律职业人才必备的知识、素质和能力为指引，即根据应具备的知识、素质和能力设置相应的课程体系。其中的核心课应当是对培养这些基本素质和能力具有基础作用的课程，围绕这些课程建立相应的不同类型的法律人才的课程体系和培养方案。现在很多核心课程并没有按照这种培养思路和教育规律进行设置，而是成为标榜某一分学科或部门法是否重要的标志，这种状况造成的结果是各个分学科或部门法努力把自己的课程列入核心课，而很少考虑这些核心课对培养高素质法律职业人才有哪些实际作用。再加上实际操作的教务办或教务员往往缺乏对法律教育内在规律的深入了解和研究，缺乏科学务实的态度，从而形成了核心课不断扩大，法科院校学生的必修课学分远远超过选修课学分，学生选课的空间日益压缩，难以有效进行分类培养的局面。可以说，这种课程设置的做法缺乏对法律教育规律性的研究，从而缺乏科学性，对法律教育质量的提升也鲜有帮助。

2. 课程设置不应追求千篇一律的局面

各法科院校所处的区域和面临的就业市场不同，办学条件和优势不一样，其具体的培养目标和类型也有所差异，因此其培养方案和课程设置也应当各有特色，即使在一所学院内，不同类型的项目应有不同的培养目标，其培养方案和课程设置也应有所区别。卓越法律人才培养计划的一个亮点，就是承认发展的差异性和法律教育的多样性。

3. 课程设置是一门要投入精力和时间进行研究的学问

作为教师，应当了解一些教育学；作为法科院校教务部门和院校领导，应当了解法律教育的规律和高层次法律职业人才培养的路径。我国法律教育正处于大发展的阶段，因此对于法律教育规律尤其是操作层面上课程设置和培养方案的深入研究则非常必要。凭借卓越法律人才培养计划的实施，弥补这一短板的时机已经到来，需要我们潜下心来，补上这一课。

4. 按照形成高层次法律职业人才应具备的基本素质和能力的要求设置核心课程和整个课程体系

就卓越法律人才培养计划提出的三类培养模式而言，每一类模式的具体培养目标和就业出路都有所不同，其基本素质也应有所不同。课程设置和培养方案作为实现某一具体培养目标的路径也就因此而有所不同。

总之，课程设置和培养方案的制定是一门科学，需要在研究具体类型的法律人才所应当具备的基本素质和能力的基础上，有目的地进行科学设计和实施，不可盲目决策，也不可没有顶层设计。

二、法律实践课程概述

本科教育应当使学生比较系统地掌握本学科、专业必需的基础理论、基本知识，掌握本专业必要的基本技能、方法和相关知识，具有从事本专业实际工作和研究工作的初步能力。法律教育在建设社会主义法治国家过程中应当具有前瞻性、全局性和基础性的战略作用。从社会意义上说，法律教育是审视社会文明程度高低和法治建设进程快慢的重要表现形式。而这一时期的法律教育效果的好与坏不仅影响法律人才培养质量的高低，而且，最终也会影响法治建设的进程。

司法是一个国家的最后一道正义屏障，而法律职业大多与这一屏障直接相关，法律职业共同体的职业操守直接关系到国家的法治未来。对绝大多数学生而言，只有深入认识实践、了解实践、经历实践，才能够理解法律的作用，才能够体会法律职业的地位，才能够建立起法律职业的伦理观念。所以，必须通过加强专业实践教学来建立和强化法律职业伦理。纵观世界当前法律教育的潮流，法律职业教育是法律教育正规化的必然途径。

（一）法律实践课程的概念和特点

1. 法律实践课程概述

对于法律实践课程这样一个新概念，需要结合法律教学实践的特征进行界定。有学者认为课程是为训练儿童和青年在集体中思维和行动而建立的一系列经验的总结，有学者认为课程是学生在学校指导下获得的全部经验。综观国内外相关文献，对课程的定义多达上百种，其中较有影响的定义为以下几种：

（1）课程是一种学习方案。这是中国较为普遍的对课程的理解，把教学计划作为课程的总规划，把教学大纲作为具体知识材料来叙述。

（2）课程是一个具体学科的内容。

（3）课程是有计划的学习经验。这是西方最为流行与最有影响力的课程定义，它认为课程是学生在教师引导下所获得的全部经验。

相对于课程概念的多元化，实践的含义则较为统一，主要有四方面的要素：一种活动、改造自然和社会的活动、客观的活动、与理论相对的活动。结合实践的概念，并考虑到法律教学的实际，法律实践课程是指贯穿法律学科运行整个过程的活动，与法律理论课程相对，注重学生的参与体验与反思，通过个性化体验来完成。

2. 法律实践课程的四个特点

从其形式的角度，相对课堂教师讲授而言，法律实践课程特指通过一定真实的和模拟的实践形式，培养学生实践能力的教学方式。据此可以看出，法律实践课程具有以下四个主要特点：

（1）实践性

法律实践是一种具有创造性的工作，并不是简单的逻辑推理过程。实践教学主要通过课堂外有计划、有组织的一系列实践活动，来培养法律专业学生具体应用法律基本知识、解决实际问题的能力。法律实践课程在目标上注重学生实践技能的培养，以能力为本位，具体包括学生的法律思维能力和法律操作能力。

从法律思维能力角度来讲，司法实践是复杂灵活的，不像书本知识那样相对凝固，它没有现成和绝对确定的答案，教师应当在与学生讨论的过程中，假设各种可能性，引导学生去发现有关的事实材料、法律规范、各种可变因素以及各因素之间的复杂关系。通过这种思考和分析，找出最佳的可行方案，培养学生的法律思维能力。

从法律操能力能角度来讲，传统教学的目的在于引导学生掌握系统的知识体系，学会通过分析条文和逻辑推理得出准确的答案，却使学生无法得心应手地应用法律解决具体问题。法律实践课程的主要内容就是学习如何收集、分析、判断和确认事实，如何运用心理学语言行为分析的方法以及经济、文化、社会、道德等方法分析法律的实际运行和操作。通过这些课程内容来实现对学生法律操作能力的培养。

（2）启发性

教育部 2007 年印发的《关于进一步深化本科教学改革全面提高教学质量的若干意见》中指出："要大力推进教学方法的改革，提倡启发式教学，注重因材施教。"在实践性课程中，教师为学生提供解决案情的方法和思路，通过讨论式、问题式、交互式等启发式教学方法，采用社会实践、社会调查等形式来提高学生研究和探索的兴趣，从而激发学生的全面性、主动性、批判性思维，增强学生对新知识的解释、推理、运用能力。因此，法律实践课程的启发性有利于因材施教，提高教学效果。

（3）灵活多样性

与法律理论性课程的教学相比，法律实践课程的学习和实践形式更加灵活多样。其强调课内与课外相结合，课上与课下相结合，校内与校外相结合。同时，每门课程都有自己独特的实践形式。比如，在观摩实习中，学生以旁观者的身份认真观察各类司法机关的运作模式，获得直观上的认知感。而在模拟法庭上，学生则通过饰演法官、检察官、律师、原告、被告等不同角色来体验庭前、庭中和庭后的情况。又如，在法律诊所，学生以代理人的身份接触真实的案件，直接为当事人提供法律援助，完整地体验案件的整个处理过程。

（4）综合性

法律实践课程把学生置于真实或近乎真实的环境中，以学生亲身参与实践为主，以教师指导为辅，在实际的工作或模拟的实践活动中让学生学会主动应用所学知识，并结合自身能力解决问题，学生不仅要综合地运用各章节的法律知识进行分析，而且要综合地运用本学科的知识进行分析，建立起优化的认知结构。实践教学培养了学生的操作能力、自学能力、组织能力、观察能力、写作能力、表达能力、管理能力以及专业意识等综合性能力。

（二）法律实践课程的关键意义

教学目标的实现应当根据不同学科的不同要求来确定，法律教学目标的双重性决定了实践教学的必要性。实践教学既能提高学生分析问题和解决问题的能力，又能活跃学生的思维，强化学生主动学习的意识，弥补课堂讲授中的不足，全面提高学生的专业素质和能力。法律实践课程设置的意义主要体现在以下四方面：

1. 实现教育国际化

如果一个人只是一个法律的工匠，只知道审判程序之规程和精通实在法的专门规则，那么他不能成为第一流的法律工作者。司法是一种"人为理性",需要通过长期直接接触司法实践才可能形成。从未来社会经济和科学技术发展对高等教育人才需求的基本趋势及其质量标准看,人才的素质问题逐渐成为人们关注的焦点,而人才素质的核心之一,就是人才的创新意识、创新思维和创新能力。法律人才的培养模式决定着社会法律的运转模式。因此,法律教育必须树立国际意识和全球意识,以具有国际性和国际竞争能力的法律教育来应对经济和法律的全球化,培养具有应变能力和适应能力的高素质人才。

2. 克服传统法律教学方法弊端

我国的传统法律教育通常是以传授系统和科学的法律知识为目的,教学方法注重书本和课堂理论教学,忽视对学生分析和处理实际法律案件能力的培养。由于这种法律教学模式过于抽象,学生的主动性和创造性不能得到最大限度的发挥。同时,实际应用的欠缺,也使得学生对其所学的知识得不到准确的认识和理解,知识掌握难以牢固。单纯的讲授式教学不利于培养学生的创造性思维,更不利于培养学生运用法律独立分析和解决问题的能力。因此,通过实践教学,对学生进行实践性法律教育,可以训练学生解决具体案件的能力,并从中学习选择法律、分析法律、解释法律和使用法律的方法。

3. 培养高素质法律人才

在激烈的社会竞争中,具有竞争力的人才必须具备很强的以创新能力为基础的适应能力、分析问题与解决问题的能力。为此,法律教育必须注重对学生分析问题、解决问题能力的培养。教师必须在观念上从被动接受型向主动思维型转变,通过实践教学使学生在实际工作中发现自己的潜能和价值,培养自己的个性,锻炼自己的能力和素质。实践性课程的开展可以使学生真实体会法律职业的特色,增强职业技能。在概念、原理这些思辨性的规则之外,依靠主体的情感体验来完成知识的现实应用。同时,由于法律实践教学使用的策略也并不是单纯的法律规定,而是综合运用社会学、政治学、心理学、经济学、医学等多学科的知识,这样能够对学生进行多方面的培养。

4.衡量法律教育质量的重要指标

高校的教学质量水平是高等教育质量水平的重要体现，提高法律教学质量，培养理论扎实又具备创新能力与实践能力的复合型法律人才，一直是法律教学孜孜以求的目标。从当代高等教育的人才培养来看，课程设置应当满足时代性、实践性、探索性、综合性的要求，法律实践课程正是对以上课程设置要求的满足。法律实践课程可以反映立法与司法的最新进展，反映法律学科研究的最新学术成果，可以很好地体现时代性。法律实践课程以实践为主要形式，能够满足学生走上社会的实际需要，具有很强的实践性。法律实践课程重视培养学生的创新精神，具有较强的探索性。法律实践课程打破了部门法教学的局限，完整地体现了司法实务的整个流程，学习的内容不仅使学生学到了法律应用常识，还增长了其他方面的社会知识和自然知识，全面完善学生的知识体系，具有综合性。由此可见，实践性课程开展的好坏可以作为衡量法律教育质量高低的重要指标。

（三）法律实践课程的教学目标

法律实践教学体系构建必须以实践教学目标体系为前提和依据。我国法律实践教学的目标应当是培养符合社会需求，具备法律职业技能以及专业素养的专门性人才。这个目标要满足三方面的要求：

1.培养法律专业技能

法律职业肩负的特殊使命要求其从业者必须具备广泛而专精的职业技能，法律专业的本科教育应强化学生的职业技能，使他们毕业后能尽快适应法律职业的要求。培养法律职业技能具体体现在以下三方面：

（1）基础性能力

基础性能力主要包括社会认知能力、人际沟通能力和社会适应能力。培养社会认知能力是法律实践教学最基本的教学目标，也是培养人际沟通能力和社会适应能力的前提和基础。作为法律人，应当有一定的生活经验、社会阅历以及对社会现象的感知力、适应力和理解力。因此，首先要学会与社会接触，了解社会、认知社会，实现其最基本目标。在此基础上训练良好的人际沟通能力，善于使用社会群体语言与社会成员沟通，帮助其正确认识自己和恰当地展示自己。同时，必须具有较强的社会适应能力。社会适应能力是社会对学生的总体期望，也是判断办学效果的基本标准。因此，训练人际沟通能力和社会适应能力也是法律实践教学最基本的目标。这种能力的形成需要通过法律整体实践教学过程来实现。

（2）应用能力和基本操作技能

法律专业学生的应用能力是指能准确、适当、熟练地将法律运用于社会问题，在法的适用过程中善于发现问题，运用法律思维观察、分析问题，最终以法律手段解决问题的能力。法律专业学生的基本操作技能主要包括语言表达能力、掌握和运用信息能力、推理能力与论证能力。语言表达能力是指学生应当具备准确掌握法律术语，以口头或文字语言的方式与他人交流，表达自己对特定事实或问题的看法的能力。语言是律师的职业工具，语言表达能力是法律专业学生的重要技能。除此之外，还应当掌握运用现代办公设备的技能、获取信息的技能，以及严密的推理能力和严谨的论证能力，主要是正确的推理和有力的论证技术。因此，推理能力和论证能力也是法律职业者的基本技能。该目标主要通过完善的各类实践教学环节来实现。

（3）拓展性能力

拓展性能力在法律专业中主要指的是创新能力。创新能力是参与全球化人才竞争的重要砝码，也是法律工作者必备的能力之一。因此，培养学生的创新能力，也必定成为法律实践教学的重要目标之一。法律专业学生创新能力的培养需要在具备基础能力的基础之上来实现。这要求教师在日常教学中拓宽学生的视野，对其进行拓展性引导，让学生在实践课程中广泛接触具有典型特征或争议的案件，对其独立性思考能力和创新能力进行针对性培养。

2. 培育法律职业道德

法律职业道德是基于法律职业的特殊性而演化出来的严格且具体的职业规则。虽然这些规则不是由国家的强制力保证实施的，却是由职业团体强制实行的，具有一定的法律效力。法律职业道德关注的是法律从业者应该如何从事社会的法律事务，它不仅要关注职业道德之于法律职业的意义，还要关注法律职业行为对错、好坏的标准，以及证明法律职业行为正当与否的适当理由，并合理解决法律职业领域的道德冲突。只有法律知识，不能算作法律人才；一定要于法律学问之外，再具有高尚的法律道德。可见，法律职业道德修养是维护法律职业的一个不可或缺的因素。较高的法律道德修养，是法律从业者在实际工作中维护法律尊严和价值的根本保证。立法者如果欠缺法律道德修养，那么所立之法难免会偏袒部分利益群体而背离广大人民的利益；执法者如果欠缺法律道德修养，就会在执行法律的过程中滥用职权，危害正常社会秩序；司法者如果欠缺法律道德修养，就更难以保持中立与公正。因此，培养法律职业道德，提高法律职业素养是法律实践教学追求的首要目标。

法律职业道德的培育，应从态度或情感教学入手，完善实践课程体系和教学方法，同时将讲授法、渗透法、案例教学法、示范和角色体验等方法引入法律职业道德教育，为学生创设情感体验场并为学生积累情感经验提供机会。

3. 培植法律信仰

法律信仰一般是指人们对于法律的一种尊敬的态度，是自愿接受法律统治的一种信仰姿态。我国于1988年、1993年、1999年、2004年和2018年五次公布了《中华人民共和国宪法修正案》，对《中华人民共和国宪法》进行修改。修改内容涉及序言、总纲、公民基本权利、国家机构、国歌等内容。其中1999年3月的宪法修正案，将依法治国、建设社会主义法治国家写入宪法。只有法治成为全体社会成员的共同信仰、追求和理想目标时，法治才能获得必要的精神支持；只有社会公众积极参与法治建设，法治的理想才会在实践中逐步实现。培植法科学生的法律信仰是实现社会主义依法治国方略的需要，是发展社会主义物质文明、政治文明和精神文明的内在要求。法律人对法律有着更深层次的理解和探索，对法治社会的建设有着更为重要的作用，法律专业的学生是未来的法律职业者，他们的法律信仰会对中国社会法治建设的进程有很大影响。因此，法律教育对法律人法律信仰的培植应当是法律教育的终极性或综合性目标。

第二节　法律教育的问题、挑战和改革突破口

一、两大传统的核心问题

严峻问题的背后，折射的是过往中国法律教育发展存在的深层次矛盾。其中，21世纪以来兴起的法科院校盲目扩张之忧，以及历经数十年仍未有相应改变的法科教育体制乏力之痛，已为共识之两大核心问题。

（一）粗放扩张与质量滑跌的逆向性

较长时期以来，中国法律教育的质量逆向于迅疾发展的法律教育粗放式扩张，呈现持续下滑态势并广为诟病。诚然，从满足于适应经济与社会发展对于法律人才之需到紧跟高等教育的跨越式发展而力推扩招之政策，继而再到顺应综合性大学的学科完整而抢上专业占领阵地，中国法律教育的确抓住几次机遇，实现了超常规发展。法律教育的专业设置总量呈现出了溢超整个社会可容纳程度的苗头；同时，仍然相对滞后的法律人才培养理念和教学条件的简陋，又日渐形成了对法科教学质量的刚性制约，甚至许多法科院校不得不退而满足于应试教育，它使"许多优秀人才像在流水线上那样，被造就成没有个性、没有思想、没有创造性的中等之才"。

最为直接的后果就是，法科毕业生就业率逐年下降，问题的严重性已经触摸到了一个"质"的底线，法科生的就业率竟然滑到了文科毕业生的末位。这一问题的连锁反应就是，原为热门专业的法律本科专业出现了未完成招生计划，以及相当比例的优秀学生不再选择法律专业就业等新的情况。不仅如此，徘徊于数量与质量之间的逆向效应，还更为深刻地表现为法科毕业生的结构性失衡。法科生的数量急剧上升，除了整体质量下滑的原因，又深陷于"过剩"与"紧缺"的错位格局。过剩的是中间、低端产品，而能够参与国家内外决策治理的高端法律人才依然缺乏。一个明显的例证是，至今中国扮演经济问题立法的主角仍多为经济学家而少有法学家，深

谙涉外事务的多为来自外域的"中国通"而少有本国的"外国通"。显然，符合实际的职业需求才是制约人才供应的最重要因素，那种认为增加供应会创造需求的想法是错误的。

因此，法律教育迅速扩张的逆向效应产生了四个极为突出的问题。第一，名不副实。存在大面积的教学质量问题。第二，供过于求。具体表现为法科毕业生就业率长期低于平均水平，甚至掉在末位。第三，用非所学。现实法律教育的目标和设置，难以承接迫切的高层次人才之需。第四，学而不用。低层次的法科生过度增加，使得就职的多数人都在从事与法律无关的工作。显然，如果这种尴尬的局面不能尽快扭转，法律教育就将面临严重的信誉危机。

（二）法科教育体制设计的承载之困

以上数量与质量的倒差，反映的只不过是结构性矛盾的一个侧面，长期形成的中国法律教育的各类体制载体，同样陷入了不同的困境。

从本科教育看，隶属教育部的综合性大学法律本科教育创设之初，旨在培养的是从事教学和科研的学术型人才；而隶属司法部的政法院校的本科教育目标则是培养从事审判、检察、公安和律师实务等应用型人才。可是，进入20世纪90年代后，两条路的目标逐渐趋同，导致法律本科毕业生既不符合学术型人才要求，也不适于应用型人才之需。故此，法律本科就业难成为通病，法律本科存废之议也由此而生。为了破解狭窄的就业入行门槛，国家司法部"破冰"允许在校的大三生参加司法考试，这一政策虽从某种程度上推动了本科就业，但也进一步把不少法科院校推向了应试教育的深渊。毕竟处于巨大横向压力中的法科院校，没有哪个敢轻视就业率以及很大程度上决定就业率的司考通过率。相应地，腹背受敌的处于夹缝里的中国法律本科教育究竟该何去何从？

那么，法律硕士又是怎样一种景况呢？目前，法律硕士参照苏联的副博士学位，旨在培养法律教育与研究的学术型人才，且往往倾向于附和导师专长而局限在较为狭窄的专业知识结构里。但是，如果说十年前法律硕士还有望进入高校院所从事教研，那么研究生扩招步入快车道以来，此路已基本不通。除了极少数攻读博士学位,多数法律硕士都选择通过参加司考进入法律实务部门。换言之,绝大多数法律硕士只能从事法律实务工作,而培养目标却仍保持学术取向,客观上造成法律硕士教育中的许多矛盾和冲突。比如,律师的法律服务需要综合性法律知识,法院强制要求律师进行审判业务岗位交流等,都使得口径偏窄的专业化培养模式屡受挑战。因此,传统意义上的中国法律硕士教育也已渐入窘境。

既然中国的法律教育存在弊端,那么,对于已施行较长时间的法律硕士专业学位教育,又能否完成职业素质教育与职业教育的有效协同呢?

无疑,设计之初的法律硕士制度面向非法律专业本科毕业生,目的是让学生具备复合型的知识结构,并以职业教育为理念,区别以研究为目的及对本科专业不设限制的法律硕士。此后,当逐渐意识到比较成熟的法律教育应以法律职业为方向后,又迅速推出了面向法律本科的法律硕士。

然而,新式法律人才培养的匆匆建制与落实的软实力之间存在巨大落差。相当数量的法科院校的法律硕士教育在培养理念、教学方法、课程设置等方面,要么依旧是本科教育的简单复制,要么与法律硕士教育没有实质差别。其突出表现为办学形式封闭,缺乏法律实务部门的参与和引导;人才培养过程不健全,缺少必要的岗前法律职业技能培训等。法律硕士教育与法律职业之间脱节所产生的直接后果是,政法机关、律师事务所等法律职业用人单位在招聘人才时,通常对法律硕士学位获得者并不优先考虑,乃至干脆将其排除在招考范围之外。由此引发的多米诺效应,就是中国多数的优秀本科生不会轻易放弃原来的专业改读法律硕士。即使是为了提高就业能力改读法律的法律硕士,在少量优秀者从事法律职业后,也因专业基础欠扎实而被认为甚至不如本科生。

二、法治中国建设提出新的挑战

推进法治专门队伍正规化、专业化、职业化,提高职业素养和专业水平,是改革迈向深水区后提出法治中国建设在人才培养上的新要求。无论是继续完善法律职业准入制度,健全国家统一法律职业资格考试制度;还是加快建立符合职业特点的法律专业人员管理制度，尤其是建立起法官、检察官、人民警察等职务序列，以及新式地提出构建社会律师、公职律师、公司律师等优势互补、结构合理的律师队伍；抑或是健全政法部门和法科院校、法律研究机构双向交流机制，实施高校和法治工作部门人员互聘计划等，无疑都对新一轮的中国法律教育改革提出了新要求和新挑战。

而对于以后法律教育改革面临的新挑战，除了更加精细入微的"环节性"和"细部化"改革，还必须从所培养的法科人才乃市场经济中生产力革命的核心要素方面加以审视。这样，法律教育之功能就不仅是简单的创造和传播知识，更是推动国家治理方式现代化的人力资本。

（一）以"人本"为中心的改革新范式

可以说，中国法律教育的潜在价值随着市场经济的渐趋完善及新兴知识经济的蓬勃发展，而逐步为人们所认识，之后被党的法治中国建设决定赋予了更为深刻的内涵。毋庸置疑，由于市场经济递进式转型及国家治理方式现代化的极端复杂性，中国法律教育的内在价值和改革模式一度被错误理念所肢解和误导。不过，值得庆幸的是，不少院校的法科人才培养早已纳入由市场决定资源配置的框架，因而无论是其内涵还是其使命，都超越了传统上法科只是被视为经济或政治手段的工具论的狭隘视野，以倡行市场经济急需的法律职业人才为起点和目标，迅速构建了法科新的竞争优势平台。从某种程度上说，中国法律教育正在出现从以"物质"为中心转向以"人本"为中心的改革范式新变化。

法官、检察官逐级遴选，新设公职律师和公司律师更加强调职前培训，国家"双千"计划实施等一系列举措，都让法治中国建设在法科人才培养上可圈可点。开始着力于关注法律职业共同体的建设，这种重心的位移必将进一步推动法科教育改革的新一轮发展。长期以来，中国经受了比较多的经济与体制转型，许多累积性问题不断浮出水面。比如，国企大面积脱困和银行不良资产解套仍步履维艰，直接导致有效需求不足、初级产品过剩、心理预期低迷等一系列问题。但由于党和国家审时度势，采取积极的财政扩张政策和适度的货币稳定政策，国民经济又开始稳中有升。特别是启动高等教育消费后，形成了一个由需求驱动、创新带动和政策推动三位一体的高端区域，成为唯一持续保持消费和投资两旺的卖方市场。这一现象根本地反映了市场竞争侧重点的悄然转移，也就是人才日益成为争夺焦点。无论是发达国家还是发展中国家，全球性市场几乎都经历了从产品竞争到资本竞争，再到人才竞争的不同发展阶段。如果说产品竞争和资本竞争只是市场经济早期的潜在规则，那么人才竞争就是市场经济发达时期即知识经济的核心要素。同理，中国法律教育改革需要把卓越法科生这一人力资源迅速提升为推动法治中国建设的第一资源，把以职业为导向的法科人力资本界定为法治中国建设的战略资本。以此为导向，作为开发人力资源、积蓄人力资本、决定人才市场规模和质量的法律教育，肯定会迎来一个以人为本的新时代。

与之相应，现实情境中的法律教育领域也正在发生翻天覆地的变化，传统的法科教育格局、不可旁落的国家法科教育主导权，以及单一的法科教育制度等都被纷纷打破，富有改革创新精神和真正意义上的法科教育制度开始建立。可以说，法科教育领域内的各种关系出现的新气象和新局面，已使得整个法科教育向社会全面渗透，而且越来越广泛，越来越错综复杂，甚至成为法治国家建设极其重要的范畴。因此，更加适应人本之需的法律教育体制改革开始被提上日程。

就整体而言，中国仍然处于社会转型期，虽然改革开放以来的市场化程度不断提高，但以职业为导向的法律教育的产业特性为人们所认识却经历了较长时间，甚至对这种认识至今还存在一定分歧。毕竟在具有强大惯性的计划经济框架里，法律教育长期被视为国家和社会的公益事业，国家理所当然地被认为是法律教育的投资主体。事实上，在市场决定资源配置的格局中，法律教育更应被视为一种战略性投资。当前，法律教育的投资需求能量尚未完全释放和转化为产业推动力，不过作为法律知识经济的先导产业，同样迈入深水区的法律教育前期改革已在市场经济发展中为法治中国建设初步打开了通道，成为国家治理方式现代化中新的增长极。正是这种新的增长极形成，反过来又进一步促成和确立了法律教育产业化发展的道路。

产业结构水平是竞争力的基石。相当长的一段时间以来，中国的法律教育在产业结构中的市场特性十分薄弱，既没有机会发展为一个自足的法科知识产业，更没有条件对其他与法科相关的产业进行改造和结构推进。因此，法律教育作用比较有限，相对处于半封闭的自我服务的基础地位。然而，更为彻底的市场经济发展和新兴知识经济的到来，已从根本上改变了法律教育的功能，尤其是瞄准中国法律职业共同体建立这一宏伟目标，使其成长空间更为开阔。为此，中国的法律教育必须进行比较全面的体制性改革。比如，转变政府职能，由过去对法科院校的直接行政管理，转变为运用立法、政策指导和必要的行政手段进行宏观管理，以增强法律科研、办学机构和自主性与活力；确立和巩固微观管理制度，既要鼓励动员更多的社会力量办学以促进法律教育事业的多元化发展，又要加强国家的法律教育督导制度和评估制度，以保障多元化教育在制度化轨道上运行。唯有如此，下一轮的法律教育改革才能立足于优化国家产业结构水平的高度，确立自身的核心竞争力，赢得法治中国建设过程中的主动权。

（二）"认知偏差"和"体制缺陷"的辅正

面对法治中国建设的新挑战，今后法律职业市场的需求重点已从单纯提高法律服务产品质量，转向卓越法科人才的培养，法律市场竞争的性质和产业结构的组成也会发生根本性的改变。"无形之手"不仅会更加有力地配置法科人力资源，而且会高倍速地放大卓越法科人才的知识价值。但是与发达国家相比，中国法科人才在竞争中面临着资源、技术和机会不平等的问题，仍然存在不少认识上的偏差和体制上的缺陷，使得中国法律教育改革仍然面对许多新的课题。

一方面是认知上的偏差。从产业的角度，广义上的法律教育既包括规范化和标准化的高等学历教育，又蕴含技能化和多样化的高等职业教育；从产权的角度，法律教育既有公立大学或学院，又有私立大学或学院；从组织的角度，法律教育既有学校教育，又有继续教育、社会教育、社区教育和社团教育等；从技术的角度，法律教育既有封闭性的"围墙"教育，又有开放性的远程教育。可以说，现代意义上的法律教育在人们社会需求多样化和成才价值多元化的引领下，其内涵和外延正在发生根本性的变化，产业潜力和市场前景都十分诱人。然而，因为原有理念的长期束缚，中国法律教育存在着比较严重的认识偏差。一是简单地视法律教育为服务和保障政治或经济的工具。二是将法律教育机械地定位在意识形态领域。三是狭隘地认为法律教育投资主体只能是国家和地方政府，盲目拒绝和排斥非公有制投资主体。四是法律教育指导思想上重知识传授，轻技能培养；重智力开发，轻性格养成；重偏科独进，轻全面发展；重理论研究，轻实践应用。这些认识上的偏差一定程度上阻碍了现代法律教育市场的形成和产业化进程。

另一方面是体制上的缺陷。当代中国法律教育的起步，是建立在以组织动员为行为特征的计划经济基础之上，在短缺经济时代曾为社会主义建设和发展培养了急需的法科人才，特别是改革开放以后，恢复重建的法律教育为保障国民经济发展做出了重要贡献。但是，随着市场经济体制的逐步建立和知识经济的风起云涌，法律教育在体制上的缺陷已暴露无遗。一是缺乏高效的投入产出机制和产业通道，法科人才和知识供需失衡。不少高等院校培养出来的法科毕业生不能迅速适应市场经济的发展需要，社会化的周期延长。同时，法律科研成果不能及时地转化为现实生产力。因而，法律人力资源浪费现象较为普遍，有效知识利用率也很低，用非所学即为表征，导致法律教育在为市场输送高质量的法科人力资本方面并没有发挥出全部的效益。二是投资主体单一。包括法科机构在内的整个高等教育总体上都是由国有资本投资控制的，产权的垄断性和单一性始终没有很大的改变。民间资本进入教育市场的严格控制政策不仅限制了国民经济投资需求的增长态势，也减缓了高等教育产业化的进程。高校扩招后的财政亏损，从根本上阻碍了经济全球化过程中高等教育市场和教育规律的有效对接，最终导致包括法律教育在内的重要高等教育机会的丧失。三是通盘意义上的法律教育没有系统而合理的结构体系。国民经济发展对法科人才的需求是多种多样的，不仅要有知识型人才，还要有技能型人才。然而，中国的法律教育基本上是以正规的学历教育为主，继续教育意义上的职业和技能教育长期处于从属地位。同时，法律教育不单缺乏内在互为关联的系统结构，而且在布局上既没有量的规模优势，又没有质的集中优势。所以，法律教育有完整的机构，却没有完整而错落有致地形成有效分工和运作的体系。四是法律教育机构缺乏办学自主权，招生制度僵化。从决策的角度，市场经济可以视为分散自主决策的经济制度。既然中国选择市场经济，那么职业主义导向的法律教育也必须纳入其框架，在充分尊重市场规律的基础上谋求发展。它要求法律教育机构在招生制度、分配制度、教学制度、科研制度、投资制度等各方面必须具有市场适应性和管理弹性，以便培养更多的法律职业适用人才。而现今法律教育的统一管理和仍然痕迹明显的指令计划制度，显然与市场规律的要求相去较远。扩大法律教育机构的自主权不仅是市场的要求，更是法治中国建设的最新要求，因为法律人才的竞争和知识的运用都在不断加速，对市场信息做出敏捷的反应和准确的判断，这是原来的法律教育计划管理体制做不到的，只有不断扩大法律教育机构自主权，中国的法律教育体制才更具有灵活性和生命力。

（三）谋求国际化的涉外法科人才培育

法治中国建设特别提出了创新法律人才培养机制，建设通晓国际标准和规则，善于处理涉外法律事务的涉外法律人才队伍。目前，面临的严峻局面是日益变幻的全球市场已使许多有形的边界开始模糊甚至消失，区域性和世界性联盟逐渐成为一种潮流。在此基础上，全球商品、资本、人才的流通不断得以加强。然而，由于种族和国家的文化差异，以及根本利益的冲突，全球市场始终充满着白热化竞争，这无疑使得正在努力谋求国际化的中国法律教育发展处于更加激烈的动荡和不安之中，迫切需要更加努力实现更多通晓国际标准和规则的涉外法律人才的重点和均衡培养。

面对全球经济一体化的时代，整个国家和民族的法治化程度不仅是人类社会可持续发展的重要资源，也是不同世界、不同国度实现均衡发展、全面进步的标准和尺度。对像中国这样一个比较典型的发展中国家来说，法治化程度首先取决于拥有国际核心竞争力的法科人才培养体系的构建。

由于起点的差距，发展中国家若不能及时在跟进与瞄准国际标准和规则上储备涉外法律人才，以此着手制定跟进和赶超战略，同时推进加以有效实施，那么类似中国被排挤在跨太平洋伙伴关系协定之外的事件仍会不断发生。因此，在中国下一轮的涉外法律人才培养计划里，打造时间的稀缺性将取代其他资源要素的稀缺性，培养速度的经济性将取代数量的经济性，而这两个因素正是决定法科人力资本边际收益递增规律的根本因素。

三、法科院校的布局及软实力之弊

（一）缺乏"比较优势"的法科院校布局

面对法科院校日益膨胀的现实，解决的关键在于"改堵为疏"，使师资、区域、资源等不同的法科院校，具备各自优势而不是全面优势。

首先，亟待借助于系统的实证调查，全面评估中国法科院校在法律职业教育中存在的经验与教训。考察法律硕士招生单位法本法硕、非法本法硕、在职法硕，在往年各类法硕的生源数量质量、历年法硕自主招生排名变化、法硕推荐名额分配、法硕学生毕业去向、课程体系类型化、实务技能训练方式、用人市场取向、司法考试需求效应、教学方式接受程度、推行职业教育成本、推免指标适用等指标维度上的关键性数据，建立横向和纵向数据信息系统，初步架构起法科院校布局修正调整的整体框架。此外，教育主管部门需要改变目前从单纯的学科角度出发的单一评价体系，重新设立科学的分类评估体系，建立相应的评估机制和程序，鼓励各校对于法律教育加以适当的分类及分层，找准定位及办出特色，推动从以数量为主向质量优先的转变。

同时，法科院校的内部应构建出多元化、特色培养方案。其要义如下：

（1）从课程设置上，完成本科所需要的法律基础科目及相邻学科群的学习之后，从本科高年级直至研究生阶段开始转入更为专业化、更为深入细致的法律职业科目，包括实务基础科目群（比如，法律文书、文献检索、法律职业伦理、模拟立法、模拟法庭、模拟事务所、模拟调解以及法律诊所等）、实务前沿科目群（比如，法律与环境、法律与社会、法律与医疗事故、法律与互联网等）。

（2）在资金充裕的条件下，可以针对接受法律职业教育可能就业的司法机关、律师事务所、公司法务部门乃至政府部门等主要特色方向，优化整合现有教学资源，进而为学生提供若干套富有魅力的多元化课程菜单，尤其是丰富实务选修课的种类和内容。

（3）改变国内法律教材体系的多家一面、大同小异的现状，推出符合职业化教育需求的特色教材。除对传统的基本概念进行说明，对主要学说进行梳理，以及对学说的主流见解、反对见解、折中见解进行精确的介绍和分析以描绘学术谱系图外，特别需要突出判解研究的说理、示范功能，以实定法为主线的法解释学叙事范式，以及系列重大实务问题的指引和动态研究。

（二）作为体制内标杆的法科院校

根据以上思路，法科院校的布局应当有所改变。长期以来，有深厚积淀的人大、法大及北大等老牌法科院校始终稳居前三，迅速飘红的清华法学院和上海交大凯原法学院已颇具特色。毋庸置疑，新兴的精英法科院校在思考如何形成比较优势的同时，仍然不应漠视法律重镇的发展足迹。于是，形成"比较优势"为法科院校合理布局目标的下一轮中国法律教育改革，究竟向作为标杆的法科院校学习什么，便成为一个非常值得关注的问题。

长期以来，作为法律界龙头老大的人大与法大，至今仍堪称中国法律教育的标杆。两者共同点在于基础法律与应用法律并重。但是细察之下，两校仍形成了各具特色的办学模式。

应该肯定，中国法科院校的发展尚不能满足社会的急迫需求，原因在于"过剩""紧缺"的错位。过剩的是中间、低端产品，而能够参与治理国家、决定对内对外政策的高端法律人才仍然欠缺。明显的例证是，扮演经济问题立法的主角多为经济学家而少有法学家，深谙涉外事务的多为来自外域的"中国通"而鲜有本国的"外国通"。鉴于此，素有"法律家摇篮"之称的人大法学院，在增加和支撑大学声誉的同时也有意识地依靠大学声誉这种无形资产,通过学校先后推出近 10 名教授走上共和国最高讲坛,担任中央政治局书记处及全国人大常委会集体学习讲座人,前后有 50 多名教师在国务院学位委员会学科评议组、教育部高校法律教学指导委员会和中国法学会等全国性学术团体中担任要职,形成足以影响中国法律发展的"智库";而在国际人才培养上,则充分利用学校平台与 60 多个国家近百所著名大学建立起交流合作的大格局,在激励教师尤其是青年教师高频度出访的同时,更是每年"成建制"地派遣学生分散前往不同语种的多个国家和地区交换学习,培育出相当数量的、具有独特的国际竞争力、不易替代的涉外法律专才。当然,盛名背后的人大法学院所承载的远远不止于此。

如果说人大的经验难以完全复制,法大则是另辟蹊径,结合政法院校的整体师资优势,在确保学术空间的前提下,针对法律教育异化所面临的严重信誉危机,逐步转向颇具特色的诊所教育、事务所教育等较为先进的法律实践教学模式。作为发展重点的法律实践教育,有别于通常意义上的技术教育,意在培育为公众服务的精神与伦理,而不仅是通过法律教育谋取一份稳定而高薪的工作。改进或创新各类课程的设置与教学手法,着力加强实务基础科目群和法律发展前沿科目群的设置,形成"专业槽"而区别于那些通识化的专业。培养更多依赖于政法院校门类齐全的专业素质教育,形成深厚的学识与敏锐的社会洞察力,超越纯粹技术性的法律工匠。同时,让学生娴熟地掌握一门或者两门外语,提供高质量的国际交流经历,进而在中国整体上仍属于发展中国家的较长时间里,始终保持一种超前竞争力。通过多维度的塑造,法大旨在培养出具有高尚的操守、富于深厚教养和专精学识、娴熟于法律技术、善于进行创造性思维以及具有国际眼光的一流的应用型法律精英。

(三)承袭传统与新秀崛起的法科院校速写

接下来,惯以学术自由闻世的北大法学院,又能告诉我们什么呢?举其荦荦大端,关键在于保持学术的自主性及引领学术的方向,在此之上,形成以问题为中心的研究兴趣,并有意识地促进学科间的交融与支持。比如，身处为争取资源而将科研数量作为规定动作的大环境，北大法学院一以贯之地坚守高质量的成果产出及学术的实质性评价，强调学术成果的精研独到、细致透彻，而不是转承文史模式的"述而不作"和"微言大义"，抑或单纯"解放思想"及迎合政治意识主流。因此，即使长期以来北大法学院平均每位教师在核心期刊上发表论文仅1篇左右，却并未动摇其强大的学术影响力，便是最好的注脚。

同时，作为综合性大学尤其是工科大学新建法科院校样板的清华法学院、上海交大凯原法学院异军突起，亦颇为令人称道。依赖"校区特区政策"的超常规发展，这是清华、上海交大办法科院校的特色所在，或许对于草创初具的新兴法科院校也更具有现实意义。以国际化办学为例，长期以来的中外法律交流始终以中国法律人到发达国家去学习为主，交流一直是单向的，而清华法学院、上海交大凯原法学院变单向为双向互动，开办了国内比较具有规模性的外国留学生中国法律硕士课程项目。不仅开辟绿色通道招收来自北美、欧洲等发达国家的全自费学生（其中不乏已是哈佛等名校法律博士的学生），而且开设的课程也不是短训式的研讨，而是等同于英美国家攻读法律硕士所需的一年时间系统学习中国法，授予获得承认的中国法律硕士学位。正是这种颇具特色的国际化办学，给有扎实法律背景且期望值很高的学生授课，反过来促使清华法学院、上海交大凯原法学院也主动思索和改进中国传统法律教育方法，从而极大拉升了学院的教学水平。该项目已启动较长时间，不仅学生数量持续上升，而且生源的地域性也不断拓宽，目前美国宾夕法尼亚大学、天普大学、波士顿大学、爱默里大学等都已经承认在清华、交大硕士班所修的学分，承认修中国法也像美国法一样，同样可以是一个重要的选择。无疑，正是这种极其特殊的国际化办学政策，使得清华法学院、上海交大凯原法学院能够在中国法律教育史上写下浓墨重彩的一笔，也迈出了中国法律教育走向世界的一大步。

上述只是速写意义上的"麻雀解剖"，最为重要的是初步揭示隐藏于拥有雄厚实力或作为崛起新秀的法科院校发展背后的"软实力"，相对于各种法律教育评估中官方或民间的所谓评价显性指标，或许这些也是未来中国法律教育改革中必须加以密切关注的相辅相成的重要环节。

四、下一轮法律教育改革的关键

（一）寻找深水区改革的可选项

中国法律教育的得失成败不仅关系无数家庭的企盼，而且关乎法治中国建设的进程。面对法科毕业生就业的"寒流"，如果这样尴尬的局面不能尽快扭转，法律教育就将面临严重的信誉危机。即便是从体认学生的前途命运出发，中国法律教育亦应努力纠正自身弊端，尽快突出重围。

为此，法律教育政策层面出现过两个主要变化：适度压缩法律硕士，以及容许法律本科生报考全日制法律硕士。这种政策层面的变化预示着法律硕士旨在培养的学术型人才供过于求；原来作为法律本科"短训班"的法律硕士将逐步式微；各类课程的设置和教学方法将被改进或创新。尤为明显的是，"高级法律职业教育"的概念已开始悄然进入公共话语体系，相应地，法律本科和非法律本科的比例关系，随即会被重新加以调整。

显而易见，中国法律教育应当以培养具备职业能力的法律硕士为主流，已成为基本共识及下一轮法律教育改革的主导方向。诚如上述，现行的四年制本科教育根本无法承载通识教育、法律基础教育以及系统的职业技艺训练；而研究型的法律硕士除少量毕业生继续从事教学研究外，大量毕业生进入实务部门，故宜保持甚至压缩现有规模。这样，发展具备职业能力的法律硕士即应成为主流。当然，这里的法律硕士不等同于现行法律硕士制度下的法律硕士，而是推动"本硕贯通培养"模式，对于接受了相当程度的通识教育、法律基础教育的本科生，经过逻辑推理、分析判断、论文理解、语言表达等方面的素质考试，提前吸纳进入硕士研究生阶段进行系统的职业立场、职业态度、职业伦理以及职业技巧的应用型专门训练，逐步地、渐进地推动法律职业教育向改革目标靠拢。

与这一培养模式相应，法律教育亦应从目前的学术型教育转向职业型教育。当前，政法机关及律师事务所的用人需求与高校招生培养制度联系不够密切，教学与实践、培养与使用脱节等问题非常突出。但是，在现有教育模式下主张强化职业教育，必定遭遇不少人反对，其理由是职业教育是学历后的训练过程，不能更多占用学生在校学习的时间。显然，推行经过学生自主选择与素质考试淘汰的本硕贯通培养，相较于单纯的本科或研究生培养，可以使这一问题得以有效化解。其切入点在于，让学理研究与实用技艺的培养适当区隔，在分别发展到较高水准的基础上再融会贯通，甚至引入法律实务部门的提前介入指导和管理。这里应该特别强调的是，虽然是培养优质法律人的实务教育，但与此同时，也要防止片面追求短期功利的偏颇，更不能流于应试教育。

值得提醒的是，以往中国法律教育发展的一大流弊在于，法律人才培养的层次相当繁复。大专、本科、第二学士学位、法律硕士专业学位、法律硕士、博士研究生，这些法科层次和类型的设置缺乏统筹规划，而且设置初衷与开办实效之间错位或背离。因此，作为培养高层次法律应用型人才的本硕贯通培养模式，需吸取前车之鉴，不宜完全独立于以上类型而单独重新建制，而是应选择彻底打破法律硕士专业学位只面向非法律本科招生的藩篱，为推行本硕贯通培养模式提供通道。

围绕建立一个有较长时间保障的高层次法律职业化人才培养机制，法律教育界提出了以"法本法硕"为主的"4+2"模式、"3+3"模式、"3.5+2.5"模式等改革方案，并已开始试点推行。同时，其所引发的一连串问题也引起热议。比如，法律文凭的辨识意义是否需要增强，法律职业教育如何避免神秘化，以及现有模式如何类型化处理等。其中，关键在于缩短试错过程，寻找出适合中国高级法律职业教育的突破口及思路。

（二）以法律职业导向为改革突破口

法律教育尤其是综合性大学的法科院校教育，目标应该及时进行调整。即在确保学术空间的前提下，逐步把重点转移到高级法律职业教育方面，培养一批富于正义感、责任感和高尚情操，具有深厚的教养和专精学识，娴于法律技术，善于进行创造性思考，具有国际眼光的法官、检察官、律师以及企业法律顾问，乃至治国精英人才，并根据这样的思路来调整课程设置和教学方法。

从理论溯源来看，涉及法律教育定位的争论大体经历过三个阶段：

（1）源于职业准入控制及法律自我管制的思维起点，不少人强调法律教育的重心在于建立起具有垄断性质的"学识性行业"身份。但门槛过高的职业准入及行业管制，无疑会限制合理竞争，以及造成昂贵的法律服务和成本，终而演化成为法律职业赖以寻租、俘获及反竞争的"遮羞布"。

（2）于是，业界开始逐渐接受新古典主义经济学及后现代主义法律流派的影响，批判性地指出管制下的法律教育所指向的既非技术专长亦非能力标准，而是一个追求垄断控制的过程。可是，到底法律教育出路何在，他们并未指明和论证。

（3）此后，又有很多学者尝试解答了这一疑问，建设性地提出法律教育绝不是通过传授职业技艺、培养职业素养进而实现垄断，而是"超越法律"，也就是培养以开放性运用一套真正的、有社会价值的专门知识和技能为基础的胜任力。这样，现代意义上高级法律职业教育的内涵被较为完整地提了出来。可以说，诸如声誉卓著的"麦克特报告""精英分类教育法"乃至早先的"律师学校"概念，都是对这一主张的最好注脚。

同时，取向于法律职业教育的现实原因在于，面对走向法治社会已成不可逆转趋势的当下中国，把法律专业作为职业生涯起点的高级法律职业人才，整体上特别需要具有以下素质：一是为公众服务的精神以及成为卓越人才的勇气和追求，而不是仅仅满足于通过法律教育谋取一份稳定而高薪的工作。二是拥有高超的法律解释技术、疑难决策力、情境敏感度、冲突管理等才能，以此作为安身立命的根本，进而区别于那些通识化的法律教育。三是具有较强的社会洞察力与实现正义理念的创新性，就是在处理社会事务时，能够对社会事务处理进行创造性的作业，以超越纯粹的技术性的"法匠"。四是娴熟地使用一门或者两门外语，并有一定的国际交流经历，从而在中国仍属于发展中国家的很长时间里，保持一种超前的竞争力。

因此，整体意义上以后中国法律职业教育的培养目标，不应限于简单的提高知识和技能，当下更为关键的在于培养出未来的治国精英及国际专业人才。当然，以此为突破口，需要吸取日本法科学院改革的教训，切忌一哄而上,而是奉守从小规模精英班开始起步的"少而精"理念。在此基础上,寻找到适合中国及富有示范性意义,能够结合不同地区、不同高校的实际,且具有自身特色和可操作性的法律职业教育模式。

(三)"法律职业教育"与"职业技术教育"的区别

从法律职业教育的学术解释分析,Profession 意义上的职业,在西方传统上主要是指法律人、医生和牧师三类人。他们分别对应大学早期的三大学科,即法律、医学和神学。作为一种社会结构或者阶层,法律职业应至少具有这样的特点:

(1)崇尚公益精神

借助于其职业服务的行为,崇尚为公众服务的宗旨,其行为有别于只是单纯地追逐私利的商业活动。

(2)学识、技术等胜任力并举

拥有深厚的学识基础,并且娴熟于专业技术,区别于仅满足于实用技巧的工匠型专才。

(3)行业的自治性

拥有对成员进行有效准入和行为控制的自治组织和伦理规范,它的职业市场受到国家和社会的承认和保护,因而区别于一般的行业。

另一个问题是,为什么采用"高级"作为概念前缀?

(1)Profession 的翻译问题

由于 Profession 在中文中没有可对应的词语,因此,翻译成"职业"以后,很容易被人误解,甚至将"法律职业教育"误解为职业技术学院意义上的 Polytechnic education。到目前为止,社会学界和法律界已尽数十年之力,仍然无法找出一个较为准确表达 Profession 一词的中文词语。

(2)世界范围内 Profession 内涵的逐渐泛化

随着社会的发展,特别是现代科学技术的发展、服务市场的细分,为了降低市场竞争性,赚取较为稳定的利润,各行各业都开始模仿传统的职业进行整合。比如,会计行业、房地产经纪等,甚至连出租车驾驶员、美容美发业都开始组建自治性的行业机构,向行业成员鼓吹为公众服务的伦理规范，努力在社会中营造一种建立在高深学识基础上、伦理道德良好的行业形象。在此基础上，积极地游说政府，赋予其行业内部自治以及自我控制行业准入标准和行为规范的特权。在这个背景下，Profession education 和 Polytechnic education 之间的界限，除了社会地位和收入的差别以外，已经变得越来越模糊。尽管借助学术性的探讨，仍可以有效区分现代法律职业教育与其他职业技术教育，但是，出于描述以及理解的方便，还是采用"高级法律职业教育"的称谓较为妥当。

（3）法律服务层次的多元化

这是一个多元化的时代。法律服务的层次与内容也呈现出极大的多元化。法律职业作为一门古老的贵族行业，其内部同样呈现出纷繁复杂的阶层分化。但是，作为推动中国法律职业教育的突破口，改革之初尤应在培养目标上提倡"高层次或者高级"的基调。

（四）回应三个典型的质疑

第一个问题，过早地拿到司考资格证的可以尽早就职，是否会影响研究生法律职业教育的意义？事实上，司考合格率上升并未提高法律本科就业率。它给我们的启示是，仅靠本科毕业证和司考合格证并不能担保职业前程，真才实学才是立命之本。同时，在国际化的开放环境里，国内评价指标必须接受横向比较的检验，那种自娱自乐的证书游戏不再具有实质意义，更何况，很多法律本科生司考通过后并不马上就职，而是继续读研，这佐证了研究生阶段法律职业教育的存在价值。

第二个问题，实务型人才是否只能在实践中逐步培养，而不是由法科院校培养出来的？实务型人才培养绝不只是让法官、检察官、律师给学生讲课，抑或把学生放出去实习，这是单纯的经验主义。接受过系统训练的法律从业者，自身的法律技艺和学识涵养需超越一般意义上的工匠，而不只是简单的"会办案子"。此外，中国采取成文法体系，目前又面临国际制度竞争，所以有必要提高应用型人才的学识水准，以及加强大学研究院的体系化教育功能。可见，法科院校的实务教育不可或缺。

第三个问题，以往少年班的失败，是否可被用来推定这种"精英教育"

是一种不成功的模式？仔细分析少年班失败的原因，要么只是强化压缩课程，课程设计并无实质性变化；要么只是偏重知识传授，缺乏能力训练，尤其沟通、组织能力。相反，精英班模式成功的范例很多，西方国家有上百年成功的经验。即使在国内，以上海交通大学为例，溯源历史及至今日，已有过交大生命基地班、1985年交大理科班、2009年交大理科班等成功的经验，它们都旨在培养起点高、基础厚的领军后备人才，以"知识传授+能力建设+人格养成"为培养理念，采用的是"通识教育+专业基础教育+专业方向能力教育"的"少而精"的精英班模式。所以，不是模式不好，而是运作有问题。只要课程设计得当、训练操作得法、教员选择得人，以精英班为突破口的中国高级法律职业教育的改革必能成功。

第三节　高校法律实践教学支撑体系与运行体系构建研究

法律实践教学是培养应用型法律人才的重要途径。建构立体化实践教学体系能够使高效的法律实践教学活动由分散而成体系。立体化实践教学体系要求实践教学在四年中持续不断，校内校外相结合，课内课外相结合。立体化实践教学体系的有效运作有赖于课程体系、师资体系、组织体系、保障体系及评估体系的协调运行。本节主要论述中国法律教育实践教学的背景与现实、高校法律实践教学支撑体系的构建以及高校法律实践教学运行体系的构建三方面。

一、中国法律教育实践教学的背景与现实

（一）背景分析：中国法律教育的转变

回顾我国50年法律教育，一个基本的结论是法律教育有着明显的30

年与20年的分界。从历史的划分看,前30年的走向基本上是"政法"教育,教学上强调意识形态和政治性,较少关注和研究法律学科自身特点,多为对国家政策的注释和解说;后20年的法律教育则明显有一个转向——逐渐关注和研究起法律学科本身,关注民主与法治建设,关注和吸收西方法律理论成果与法治实践经验。

为何会产生这种转向,并将法律教育引导到真正推进民主与法治建设的功能上来?这就有一个特定的时空与背景。这种背景使本文的问题研究具有语境论的意义,可以有两个具有承接性的背景作为分析。

第一是后20年的法律教育的转向,逐渐关注与研究起法律学科本身,并积极地学习西方法律理论与法治实践的经验,其原因与背景在于中国实行改革开放,西方的法律思想与制度建设的成果被引入国内,引起人们深刻的反思与认识。在改革开放初期,法律教育开始转向,还有一个更为深刻的背景就是,中国开始重视制度建设的重要性,民主与法治建设被提到了一个前所未有的高度。

第二是进入20世纪末期,从培养法律共同体意识出发,进行法律教育的认识越来越深刻,这是基于政治、经济与社会发生更加深刻变化的背景。从总体上看,法律教育开始致力于培养法律职业共同体,或者称为法律人的培养,主要有以下几方面的宏观背景。

1. 依法治国

1998年"依法治国,建设社会主义法治国家"以宪法修正案形式宣告,法治实践将深入引导人们理解法治在治国方略上的工具价值和在更高意义上的目标价值。法治需要认同法律至上性和最高权威性、权利是法律的核心问题等观念;法治意味着政府行政法制具有统一性、法律调整具有一般性与有效性、司法应当保持中立裁判角色、法律工作具有职业性等制度化与实践性要求。

法治的所有问题实质上是权利问题。如何制度化地解决这个权利问题?一方面从权力入手,考虑如何制约,防止其权力滥用;也考虑如何促进其积极行使，发挥保障权利的功能。另一方面从权利本身入手，考虑如何维权的问题。

在这样一个全新的背景中，依法治国作为基本治国方略，方略的实施需要普法，提升国人的法律意识与法治观念。而它的制度化实践实际上最关键的要素在于按照法治的基本精神与观念塑造一个能够推进法治制度化进步的法律职业共同体，这个群体可以说是法治最基础与最关键的力量，没有它的存在，法治无从谈起。

法律教育改革从法律职业共同体培养入手，显然可以看出其转向以及其基本特征。培养合格的法律人应是法律教育的最高追求。同理，对法律人的塑造应当成为法律教育模式改革的最高理想及教育革新模式设计的中心和出发点。这就要求法科学生要以法律为信仰，维护法律正义，形成法律人特有的世界观、人生观和价值观。而法律教育和司法研修是形成法律人职业能力的必经途径，在此过程中会产生法律人强烈的职业认同感。

2. 市场经济

经济环境的变化是一个基础背景。经济实践和理论突破发展到一定程度，社会主义市场经济才被正式提出，包括经济体制改革的目标、所有制改革、企业制度改革、分配制度改革、农村改革、市场体系建设、宏观管理体制改革等。

市场经济与依法治国具有高度的关联性，原因在于市场经济从本质上是一种法治经济，也是一种规则经济。显然，法律教育一味地强调意识形态和政治性，不在实践中研究法律学科自身特点，肯定不合时宜。这个背景要求法律教育必须研究法律规则，加强法科学生的实践。只有熟知法律规则与技术，并且在法治观念与法治精神的引导下，将法律规则与技术在实践中应用，从中加深理解、解决问题，才能真正促进市场经济的成熟，完成规范的完全的市场经济形态。

3. 中国入世

世界贸易组织是最具全球化含义的组织，其致力于维护和促进经济全球化与贸易的自由秩序。世界贸易组织是在《关税与贸易总协定》（以下简称《关贸总协定》）基础上发展而来的。20世纪30年代的经济危机使各国意识到加强国际贸易协调与合作的必要性。美国于1943年倡议成立国际贸易组织，主张在多边基础上相互削减关税，促进贸易自由化。1948年，由美国等23国签约的《关贸总协定》生效。《关贸总协定》在促进世界贸易自由的同时，也暴露出其临时文件的弱点，许多规则缺乏法律约束力和必要的监督措施，"一般性例外""安全例外""边境贸易、关税同盟和自由贸易区例外"等种种例外，也助长了对文件宗旨的背离，削弱了文件原则和法律严肃性。随着新科技革命和跨国公司的发展，国际货物贸易带动了与此有关的银行业、运输业、保险业等服务贸易的发展，知识产权领域亦是如此。1986年，"乌拉圭回合"谈判后，历时7年的艰难谈判，最终将服务贸易、知识产权纳入世界贸易范围，支持建立专门的贸易争端解决机构，在组织化、全面化和法律化等方面实现了对《关贸总协定》的超越。1994年，109个国家签约发表《马拉喀什宣言》，世界贸易组织（WTO）宣告成立。

世界贸易组织在目标上指向贸易自由化和经济全球化，但要求成员国政府建立法治的普遍立场说明，自由与开放的市场经济是需要成员国政府法治保障的经济形态，转换成学术命题就是"市场经济就是法治经济"。入世首先是政府入世，就意味着政府建立法治是维持和发展自由的市场经济的基础保障。由此不难理解，WTO重视成员国政府法治建设要超过其对贸易本身的关注。实行市场经济，就意味着在政府管理形态和管理职能上应当与此相适应，建设法治。

当中国融入全球化，我国的法律教育与法律服务进入全球化服务领域，社会需要大量的具有复合型、交叉型知识、能力结构的法律职业人才，法律教育在面向法律人才法律规则的理解与掌握的同时，还需要具备一种全球化的视野和国际化的视野，而这种视野仅靠书本知识是很难获得的，必须将自己融入实践，在实践中体验和磨砺。

（二）现实分析：中国法律教育实践性的凸显

在感受到中国法律教育近年来迅猛发展的同时，也感受到法律教育观念的不断更新。其中一个具体表现就是，实践教学已日益受到关注。越来越能达成共识的是法律理论教学和实践教学必须有效结合。在探讨新世纪法律教育发展的问题中，正确认识实践教学与理论教学并重的作用，并在设计法律教育的评价体系中给予足够的考虑，同时不断促进实践观念更新，完善自身的发展模式与评估体系，将是十分重要的问题。

1. 中国法律教育实践性的基本视野

中国法律教育的实践性凸显的贡献在于，在更新法律教育理念和探索法律教学规律过程中，形成了一个开阔而大气的视野，这个视野与法治实践的背景呼应，也是大势所趋。

第一，法律教育应当置于整个高等教育所倡导的素质教育的大视野中。视野问题的正确认识直接关系法律人才目标培养的定位问题，也只有在素质教育的宽阔视野中，实践教学才得以深化发展，得以在整个法律教育中处于重要地位。

第二，在法律教育方向上重视理论教学与实践教学并重，凸显实践性的功能。这一定位，准确地把握了现代素质教育前提下的法律教育所要培养的人才特征。具体说来，有以下要求：

（1）要体现法科学生的专业特点，能够比较系统地掌握法律基本理论、基本知识与操作技能。

（2）要训练和培养法科学生创造性思维、批判性思维，能够独立思考并解决法律新问题。

（3）要体现法科学生的实践能力，能够进行法律理论研究和实务处理。

（4）培养学生广阔的认知视野和较强的认知能力，对政治、经济、历史、科技等诸多文化因素复杂构造而成的社会活动或者社会信息具有体察、感悟并建立起公平公正价值观的能力，逐渐形成法律职业道德和伦理规范准则。

2.中国法律教育实践性的基本观点

首先,实践是重要环节,也是检验标准。之所以说实践是重要环节,这是相对实习训练而言的,早期的实践教学主要是指毕业实习,即在走向社会岗位前的职前培训。这主要是在改革开放之后,法律教育发展初期,法律系毕业的学生进入公检法系统的必要训练。而现在将实践作为法律教育教学的重要环节,是将实践以课程设置的形式进行建设,而不是毕业前的训练,贯穿于法律教育教学的全过程。

之所以说实践也是检验标准,这主要取决于通过理论教学与实践教学培养出来的法律人才在法律的从业过程中能否得心应手、运用自如,以此来检验法律人才培养的质量。当然,这种检验有助于检视实践教学的模式与运行的科学性问题。

其次,实践是过程性培养,也是法律人格塑成的源泉。实践教学已经不仅仅是教学的重要环节,而是贯穿于整个法科学习全过程的系统性教学方式,并通过评估体系的引入,能够动态反映实践教学过程和实践教学成果,是培养学生反思能力的学习模式。比如,在四年的法律教育中,按照年级的不同,有所侧重地安排实践内容;逐渐将表演性模拟法庭变为实战性模拟法庭;在评价体系上,更多地导入学生过程性锻炼的感受与体验评价,而不仅仅是一个结果评价。设立在法律教师或者法律从业人员指导下的法律援助中心等实践模式,强调体验法律生活,培养法律职业所应具有的公正与责任等品质,养成法律职业道德规范意识。在实习实践中,更加注重反思性实践能力的培养等。

最后,实践是理论检视的视角,也是法律教育的目标。在引导学生实践性学习或者说从事实践教学的过程中,能够发现法律教育中理论研究的不足,促进理论的发展与进步。从这个角度来看,实践教学就构成了理论检视的一个重要视角。这个观点还表明,无论是理论教学,还是实践教学,归根结底都是为了法治建设的实践进步,那么在法律教育层面的实践性教育就构成了一个基础,这是一个法律共同体形成的基础。

3. 中国法律教育实践性的现实意义

我国的法科院校直接从普通高中招生，法律教育既要为法科学生成为合格的法律职业者提供技能技巧训练，使学生系统地掌握法律专业所必需的基础理论知识；同时又要为这些刚刚接受了中等教育、走入大学的法科学生提供人文素质教育，使学生成长为一个有理想、有道德、有内涵的法律工作者。这样的任务在欧美等其他国家需要至少五年的时间完成，而我国法律教育的本科学制仅为四年。

法科学生应当具有扎实、完整的专业知识和理论体系，稳定的专业思维能力，良好的人文素养和司法伦理修养，全球意识、世界视野和一定程度的国际交流能力和竞争力。从微观的角度考察，高等院校中的法律教育在培养法律人才这个根本任务上担负的社会责任，大致可以分为三个层面：

（1）解决做人的问题，主要有三方面：首先，开展世界观、人生观和价值观的教育，树立社会主导的价值观和价值取向。其次，应当具有现代理性精神，即怀疑精神、批判精神和探索精神。最后，养成独立的法律人格，而不是培养工具型人才。

（2）解决方法尤其是思维方法问题，以获得自我发展的能力。

（3）解决做事的问题，即满足从事法律职业的基本需要。应当使学生掌握从事法律职业必须具备的基本知识、职业素养和职业技能。这三方面统一于每个个体之中，不可分离。

法科院校的教学对本科生还有进行素质教育的任务。在本科教育阶段，进行实践教学，在具有法律实务经验又有法律理论的教师指导下，让法科学生及早接触社会，参与法律实务工作，为社会特别是社会弱势群体提供法律服务，培养各类专业学生深刻理解特定专业、职业、行业的社会意义，正确把握自身的知识和能力对他人的发展、群体的合作、社会的进步的实际价值，转变目前学生为学习而学习、为考试而学习，缺乏必要的事业心和社会责任感的状态，提高其基本素质和法律素养是十分必要的。

法律教育与法律职业的内在连续性，决定了法律教育应当将法律技能训练作为一项重要的教育目标。各国法律教育发展的历程也说明了法律教育自身也具有实现技能训练的可能性。因此，训练学生的法律职业技能是法律教育所具有的操作性价值之一。所以，法律实践教学在法律教育中起着非常重要的作用，是必不可少的教学环节。

二、高校法律实践教学支撑体系的构建

三层次的法律实践教学培养模式需要具体的实施步骤，这就要逐步构建一个法律实践的合理体系，构建这一体系的指导思想是坚持以法律综合能力、素质培养为主线，贯彻以人为本的教育思想，以促进学生创新能力和实践能力为根本，全方位、多视点地构建规范、完善、合理的实践体系。应该以法律本科教学应用型人才培养目标为指导，整合和开发教学资源与手段，搭建知识、能力、素质教育平台。

（一）构建法律实践教学之课程体系

要改变课堂讲授学时过多、实践学时过少的状况，构建模块式课程结构和弹性学制，必须加强对实践教学的改革，改革的主导思想必须立足国家自主创新对于创新型人才的培养要求，通过对学生知识、能力与创新要素的综合分析研究，构建一个以学生为中心，以满足创新型人才培养的个性化需求（培养目标、专业需求、知识积累、发展兴趣等），有利于学生自我设计、自主学习为目标的跨学科立体化实验教学课程新体系。因此，对法律教育的实践、实习环节，需要通过统一的协调行动，保障全日制法律教育系列的法律专业学生有接近法律实践操作的机会，形成对法律理论、知识、价值和实务、纪律、操作的贯通。

法律教育的一个重要目的在于对有志于从事法律实务的人进行科学且严格的职业训练，使他们掌握法律的实践技能及操作技巧，能够娴熟地处理社会当中各种错综复杂的矛盾。这就要求法科院校转变教学观念，加大

实践教学在整个教学体系中的比重，完善实践教学的方式和内容。因此，建构重视实践环节的法律实践教学课程体系，将法律实践纳入学分管理是十分必要的，这样能够强化学生对实践重要性的认识，确保法律专业实践教学活动的质量。

（二）构建法律实践教学之组织体系

要扎实有效地开展实践教学工作，还必须有相应的组织保障，否则在整个本科学习期间，因为每个学生的实践环节安排不同，时间又长达七个学期，具体实践过程中涉及的人员和单位比较多，如果没有专门的组织机构进行统筹管理，就不能保证每个学生参与实践教学环节的质量，容易使实践教学活动流于形式。但如果完全由教学管理组织实行全面的行政方式管理，必定要求投入较多的师资，加大管理成本。因此，设立比较合理、适用的实践教学组织机构是非常重要的。

第一，建立一个专门的实践教学的教研机构，由1～3名专职教师负责全面的实践教学工作的宏观管理，负责整个实践教学的科研、规划、督促检查、学生实践教学学分成绩的统计与认可等事务性工作，协调与实践教学各基地的沟通与联络。

第二，建立完善的校外教学实践基地，由基地的聘任教师负责学生实习、实践期间各方面的教育管理活动。

第三，以学生为主，以志愿者工作团队的形式建立大学生法律援助中心，让学生在该组织中自我管理，承担主要组织管理任务，教师和外聘教师则以顾问的形式，对法律援助中的专业问题提供指导和帮助。

第四，对于提高学生实践工作能力的模拟法庭及法律诊所课程，则以教师为主导，实行管理与教学、指导与参与相结合的方式，通过帮助指导学生，达到提高学生能力的目的。

（三）构建法律实践教学之师资体系

教师是法律实践教学的指导者，法律实践教学的效果在很大程度上取决于教师的素质，然而教师为了职称、学术地位、学术论文等，往往把大量的精力放在法律理论的研究当中，不太关注法律实践问题，没有把法律理论应用于实践的意识，没有具体的法律实践经验。教师缺乏法律运用能力，很难指导学生实践，而从事法律实务的教师，又将主要的精力放在实务工作中，无暇指导学生的实践课程。

2005年2月1日，中青联《关于进一步加强和改进大学生社会实践的意见》指出，把大学生社会实践与教师社会实践结合起来，组织高校干部教师参加、指导社会实践。学校党政干部和共青团干部、思想政治理论课和哲学社会科学课教师、辅导员和班主任都要参加大学生社会实践活动。鼓励专业教师参与、指导大学生社会实践。根据文件精神，针对法律实践性教学师资薄弱的现实，应该尽快加强实践教学教师的培养，建立师资队伍体系，目前可以采用"请进来，走出去"的办法。

（1）请进来

要通过政策引导，吸引高水平教师从事实践教学工作。法科院校可以聘请富有经验的法官和律师担任实践教学的指导教师，讲授与实践紧密结合的课程，让法官和律师等指导教师将鲜活的经验传授给学生，使学生接触真实的法律实践。

（2）走出去

法科院校应该创造条件，鼓励教师参与实践，在不影响教学科研工作的同时进行兼职，参与法律实务工作，如代理案件、担任法律顾问等，通过实践，提高指导学生实践的能力。同时，法科院校通过建立实践基地等场所，将有志于此的专业教师送入法院或律师事务所进行实践培训，亲身接触法律实务，体会法律实务工作，对实务中的问题进行认识和思考、探讨和研究，提高运用法律的能力和理论联系实际的能力。当然，对于教师参与实践，应当注意加强管理。

（四）构建法律实践教学之保障体系

构建法律实践教学基地、法律实验室，建立实践教学的各项制度，加强教师与学生、学生与学生、学校与社会的沟通,多方筹集资金,为实践教学构建强有力的保障。

1. 法律实践教学基地的建立

实践教学基地建设是实践教学的重要支撑,是理论教学的延伸,是促进产、学、研结合,加强学校和社会联系,利用社会力量和资源联合办学的重要举措,是确保实践质量和增强学生实践能力、创新能力的重要手段,建设高质量的实践教学基地直接关系到实践教学质量,是培养复合型、应用型人才的必备条件。

实践基地要能够提供基本生活、学习、卫生、安全等条件,考虑到节约实习经费,应就近建立实践教学基地。为了规范双方的权利和义务,便于规范化的管理,应签订必要的协议书。同时,实践教学基地建立以后要加强联系,巩固双方合作基础,可以考虑每年定期与实践教学基地负责人联系、沟通,召开实践教学基地人员参加的联谊会,组织实践教学基地负责人座谈,听取他们对实践教学基地建设的意见,感谢他们的支持。本着"互惠互利,共同发展"的原则,在完成实践教学任务的同时,帮助基地培养人才,培训业务骨干,提供相应服务;聘请实践教学基地的专家为学生做报告或担任兼职教授,指导学生的毕业论文(设计)和答辩,做学生的导师,以巩固双方合作的基础,这样有利于实践教学基地的长期稳定。

2. 法律实践教学实验室的建立

2007年起国家大力加强实验、实践教学改革,重点建设500个左右实验教学示范中心,推进高校实验教学内容、方法、手段、队伍、管理及实验教学模式的改革与创新。法律实践教学的实验室主要有模拟法庭、法援中心、多媒体诊所教室等,要加大投入力度,为法律学生提供必要的实践条件。模拟法庭实验室,是模拟法庭教学必备的场所,也是校内法律实践教学的重要基地,国内许多著名大学均建有功能齐全的模拟法庭实验室。模拟法庭实验室一般最小能容纳一个班的学生,包括必要的实验设备和设施等。大学生法律援助中心也是校内的法律实验室,学校应对法律学生的实践课程进行管理，由于需要接待来访者，因此应当建立固定的场所，提供必要的设施和经费保障。

3. 法律实践教学规章制度的制定

实践教学课程能够顺利开展起来并长期进行下去，其管理难度要远远超过课堂教学，如果仅靠教师的工作积极性、学生的能力和热情，将很难保障这项工作的长久开展。因此，需要将其制度化、法治化，以保障其成为一项常规工作，而不是一项短期活动。法科院校应针对实践教学的各个环节，进行规章制度的建设，使得法律实践教学在一个制度体系的层面上开展工作，保障其长久性与稳定性。如为了保证实践教学，法科院校应该制定《实践教学安排及要求》《实践教学各模块考核细则》《实践课指导教师职责》《实践教学指导规范》《实践课成绩考核办法》等规章制度，保证教学计划要求的实践教学内容能够完美实施。

4. 法律实践教学沟通系统的建立

由于法律实践教学具有开放性、互动性、分散性、自主性等特点，因此要建立一套沟通系统，保障教师和学生、学生和学生的交流沟通，而网络技术的运用促进了优质教学资源的共享和学生的自主学习，是实现这一目标的有效途径。网络教学系统具有灵活、快捷、开放、交互等特点，可突破地域的限制，建立多元交互的学习环境。2007年，教育部提出要积极推进网络教育资源开发和共享平台建设。

构造一个方便的交流环境，模拟现实世界的交流环境，是建立法律实践教学网上沟通体系的一个重要问题。网上的交流环境是多方面的，包括文字交流、语音交流、视频交流等。通过电子邮件，学生能够很容易地从教师那里获得个别化的学习指导和帮助；通过微信，身处异地的学习者可以轻松地跨越时空走到一起，共同分享学习经验和体会，共同探讨或解决学习中遇到的困难和问题，从而培养他们之间相互协作的精神，并增进彼此的了解和友谊；通过网上讨论区域，学生可以探讨疑难、热点、前沿问题，从而激发学生学习积极性和主动性，提高教学效果，弥补法律实践教学教与学时空分离的问题；同时，利用网络进行法律实践教学，获取教学资源，开展教学活动，学生自主地依靠网上资源进行学习，有利于培养学生利用网络进行信息的获取、分析、加工的能力，从而有利于学生信息能力的培养。

法律实践作为一个系统，必须有评价。评价是在教学过程中，对教师教学、学生学习的情况进行分析，根据相关的评价体系，把教学过程中发生的情况真实、全面地反馈给系统各方面，用以发现问题，提高各方面素质。它是教学质量监控系统中的一个重要环节，是提高教学质量极其重要的因素。没有科学的评价方法很难保证教学的实践性特征，在完整的教学过程中，它是一个不可或缺的环节。通过评估，掌握学生的真实情况，了解学生的切实需要，收集反馈意见，进行分析、综合、评价，根据评价结果，纠正和调整教学方法和教学活动，以达到预期的教学目的。

实践教学的成效最终取决于学生知识的掌握和素质的提高，将实践教学实施过程中学生的表现、得出的结论与实践教学所预期达到的目标和要求进行比较，是评价实践教学成效的重要环节。

（1）评价实践教学本身

对实践教学本身的评价可以从三部分进行。

教师对实践教学的评价：教师可以根据教学目标对实践教学进行评价。

学生对实践教学的评价：学生对教学质量最有发言权，通过制定评价指标，对实践教学的情况进行评价。

校外人员对实践教学的评价：实践教学不同于校内的其他课程，学生参与实践与校外接触非常多。

在教学质量的评价中，校外专家、同行、实习基地人员、实践过程中的当事人的评价也十分重要，他们的评价从另一个角度反映了实践教学的开展情况。

（2）对实践教学本身的体系评价

可以从实践教学的开展情况、师资配备数量质量、基地建设、实验室建设、管理体制规章制度、教学投入、教学效果七个方面进行评价。

当然，评价并不是目的，通过对评价进行分析，对下一步的实践教学进行全面质量控制，发扬优点、改进不足才是建立评价体系的目标。

（3）评价学生

对学生的评价，主要通过学生自我评价、学生间的相互评价、校外人士对学生的评价、教师对学生的评价进行。

学生自我评价：学生是实践教学的直接参与者和自主学习的主体，学生的自我评价是最基础的一步，学生应当给自己做出一个评价，这也是学生自我提高的过程。学生的自我评价可以通过填写事先拟制好的自我评价表，有条件的法科院校可以对学生的学习活动进行录音录像，学生对照设定的目标要求进行自我分析、自我评价。

学生间的相互评价：实践教学过程中往往是学生多人共同参加，各自之间需要分工合作，因而在行动之后，除了学生自我评价外，往往需要其他参与者共同进行评价，一方面指出优缺点，另一方面也是一个共同学习的过程，有极好的教育价值。

校外人士对学生的评价：当事人、法官等外界人士对参与实践的学生的表现所做的评价，是实践教学区别于其他课程评价的重要特征，也是实践教学开放性原则的重要体现。

教师对学生的评价：主要考察通过实践教学活动，学生的法律研修能力是否得到加强，职业道德的困惑能否得以解决或者能够找到一种解决的方法或途径，对法律的学习方法是否有更深一步的了解和在实践中学习到的方法是否应用到其他课程的学习。

教师对学生的评价一般分为三种类型：①日常评价。根据学生在实践教学过程中各个阶段的差异进行不同的评价。②阶段性评价。阶段性评价是教师根据一段时间以来学生的表现，讨论学生的进步与不足，提出下一阶段的指导性建议。阶段性评价在教学中起着承上启下的作用，一般至少在学期的1/3或一半时评价一次。③期末评价。期末评价由教师共同讨论，形成统一的意见，对学生做出全面、具体的书面评价并评定等级。

教师对学生的评价可以是口头的，也可以是书面的。教师对学生的评价一定要建立在一定的技术资料基础之上进行客观、公正和真实的评价。教师日记是教师对学生评价的最重要的原始记录，而教师书面评价报告是对学生进行综合评价的正式评价结论。

（4）评价实践教学教师

实践教学教师在法律教育中起着举足轻重的作用，因此对教师的评价也是评价体系的重要组成部分。通过评价，检验教师是否深刻领会实践教学的教育理念，并自如运用教学法使学生受益。评价的重点包括：教师课程的驾驭能力、是否将教育方法成功运用到教学实践中、学生在指导下有无明显受益、教师的敬业精神与职业道德、教师的教学质量、教师的感召力与教学魅力、教师所确定的教学目标实现的程度、教师的教学特色与效果，等等。

实践教学环节中的评价标准不宜绝对化，在实施某个实践教学环节时，不应仅看结果，还应看过程，实践教学的评价标准与课堂教学考试成绩评价标准的最大不同，应表现在实践教学对过程与结果同等重视，甚至重视过程更应甚于重视结果。

三、高校法律实践教学运行体系的构建

（一）构建高校法律教育实践教学体系

传统观念认为，法律并不需要实验室，但法律专业的实践教学要融入社会实践。比如，以校外合作单位、课外实践活动、校园实习等方式进行。但是，根据现代教育理论，法律的实践教学更需要实验室，而且实验室的种类要更加全面与丰富。

1. 模拟法庭实验室的构建

模拟法庭实验室是比较有效的实践教学手段之一，在模拟法庭实验室中，法律专业学生能够将理论知识加以应用和实践。为了提高模拟法庭实验室的教学效果，学校需要建设专门的、完备的模拟法庭，引进法院正式

的案件审判活动,以满足学生经常性开展模拟法庭审判活动的需求。

2. 刑事侦查实验室的构建

在刑事侦查实验室中,涵盖了刑事侦查的主要部分,比如,刑事照相室、心理测试实验室、痕迹物证实验室等,这些实验室能够方便学生进行侦查技术、提起公诉实务等课程的实验学习。

3. 法律援助实验室的构建

为了拓宽学生实践的途径,可以在校园内建立法律援助实验室,为社会公众尤其是弱势群体提供法律援助。设置法律援助实验室,需要学校提供专门的场地、设备等硬件设施,打造真实的法律服务场所,使学生能在真正的法律服务活动中,体验到真实的司法实践。同时,法律援助实验室还可以细分为律师与公证实务、企业经济法律实务等部分,并设置相应的教学实验室。

4. 卷宗阅读实验室的构建

卷宗阅读实验室储存的是真实的司法案例,在卷宗阅读实验室,学生可以真正地了解某一案件从结案到执行的全过程。同时,卷宗阅读实验室也承担着相应的法律实践教学任务,比如,相关法律文书写作、法条记忆、案例分析等活动,都将在此实验室举行。

(二)高校法律教育实践教学的方法

在法律专业教学实践中,有各不相同的教学逻辑法则。整体来看,应用比较多的抽象方法,主要有归纳、演绎、分析、对比、综合等,运用这些抽象方法,能提高学生的逻辑思维能力。另外,具体方法有辩论、枚举、实证、设疑、评析等,运用这些方法能促进学生法律专业能力的提升。这些方法共同构成了法律教学基本方法体系。其中的每一种方法都不是独立的,而是有机联系、相互影响的。在实践教学中,首先,要对不同课程的教学目标、评价方法、反馈机制等,进行清楚明确的界定。其次,教师要采用多种方法,引导学生积极参与到法律专业实践教学中来,形成师生共同学习、互动交流的良好课堂气氛。最后,要加强学生的社会实践教学,通过采取"学生走出去,专家请进来"的方式,打破法律专业实践教学相对封闭的教学模式,使学生能在社会大学校中,主动接受更多理论与实务界专家学者的教育,从而更好地发挥实践教学的作用,促进学生专业素养的提升。

参考文献

[1] 宋洁. 当代大学生法律素质培养途径探析 [J]. 科技创新导报, 2016 (29).

[2] 郭秀兰, 王云. 当代大学生法律素质的培养探讨 [J]. 现代企业教育, 2010 (10).

[3] 刘莹, 林伯海. 当代大学生法律素质培养的三个维度 [J]. 思想理论教育导刊, 2013 (7).

[4] 李彬. 提高大学生法律意识的几个途径 [J]. 湖北函授大学学报, 2011 (8).

[5] 习伟. 高校法制教育现状与大学生法律意识的培养 [J]. 产业与科技论坛, 2011 (6).

[6] 刘金萍, 庞聪玲. 加强大学生法制教育浅析 [J]. 中国教育技术装备, 2011 (21).

[7] 赵英杰. 培养学生法律意识 提高学生法制观念 [J]. 青年文学家, 2011 (15).

[8] 万昆. 信息科技课程教学论 [M]. 南昌: 江西人民出版社, 2022.

[9] 陈南雁. 培育和提高当代大学生的法律意识 [J]. 法学杂志, 2010 (51).

[10] 王弄玉, 刘娇, 郑小蓉, 自媒体对大学生法律意识的培养的机遇与途径 [J]. 智富时代, 2017 (2X).

[11] 王海波, 杨向荣. 自媒体时代大学生法律意识培育的困境与对策 [J]. 思想教育研究, 2016 (3).

[12] 谭胜煌. 大学生法律意识培养路径探究 [J]. 法制与社会, 2017 (21): 96.

[13] 曹燕.依法治国视阈下大学生法律意识现状及对策研究 [J].陕西教育（高教），2017（12）：73-74.

[14] 郭紫洁.新形势下大学生法律素养培养初探 [J].天津职业院校联合学报，2018（11）：96-100.

[15] 曾学清.网络时代大学生法律意识培育及教育对策 [J].中国多媒体与网络教学学报（中旬刊），2018（10）：84-86.

[16] 王玮琦，徐一娉.高等教育学生法治意识的培养 [J].教育教学论坛，2018（41）：74-75.

[17] 杨用才.大学生法律信仰培育探讨 [J].学校党建与思想教育，2018（18）：15-16+24.

[18] 林秀华.关于增强高校学生法律意识的思考 [J].新校园（上旬），2018（6）：14.

[19] 陈大兴.高等教育中责任与问责的界定 [D].华东师范大学，2014.

[20] 单红波.高校大学生公民意识现状及教育对策 [D].延边大学，2010.